Grundriß
des
Österreichischen Rechts
in systematischer Bearbeitung.

Unter Mitwirkung von

Dr. J. Freiherr von Anders, Professor in Graz, Dr. P. Ritter Beck von Mannagetta, Sektionschef und Vorstand des Patentamtes in Wien, Dr. E. Demelius, Professor in Innsbruck, Dr. A. Finger, Professor in Prag, Dr. O. Frankl, Professor in Prag, Dr. O. Friedmann, Professor in Wien, Dr. C. S. Grünhut, Hofrat und Professor in Wien, Dr. G. Hanausek, Professor in Graz, Dr. J. Hanel, Hofrat und Professor in Prag, Dr. F. Hauke, Professor in Czernowitz, Dr. M. Ritter von Hussarek, Ministerialrat und Professor in Wien, Dr. H. Lammasch, Professor in Wien, Dr. V. Mataja, Ministerialrat und Professor in Wien, Dr. J. Reiner in Budapest, Dr. H. M. Schuster, Professor in Prag, Dr. M. Schuster von Bonnott, Hofrat in Wien, Dr. A. Skedl, Professor in Czernowitz, Dr. L. Spiegel, Finanzprokuratursadjunkt und Privatdocent in Prag, Dr. L. Szalay, Sektionsrat im Reichsfinanzministerium in Wien, Dr. J. Ulbrich, Hofrat und Professor in Prag, Dr. D. Ullmann, Hofrat und Professor in Prag, Dr. F. Freiherr von Wieser, Professor in Prag, Dr. R. Zuckerkandl, Professor in Prag

herausgegeben von

Dr. A. Finger, Dr. O. Frankl, Dr. D. Ullmann,
Professoren an der Deutschen Universität in Prag.

In drei Bänden.

Erster Band, dritte Abteilung.

Leipzig,
Verlag von Duncker & Humblot.
1900.

Grundriß

des

Sachenrechts.

Von

Dr. E. Demelius,

Professor der Rechte in Innsbruck.

Leipzig,
Verlag von Duncker & Humblot.
1900.

Alle Rechte vorbehalten.

Pierer'sche Hofbuchdruckerei Stephan Geibel & Co. in Altenburg.

Inhaltsverzeichnis.

	Seite
Der Besitz	1—14

I. Begriff S. 1. — II. Besitz und Inhabung S. 2. — III. Arten des Besitzes S. 3. — IV. Erwerb des Besitzes S. 4. — V. Verlust des Besitzes S. 7. — VI. Die Rechtswirkungen des Besitzes S. 9. — VII. Rechtsbesitz S. 12.

Das Eigentumsrecht . . . . 14—42

I. Begriff, Subjekt und Objekt S. 14. — II. Beschränkungen des Eigentumsrechtes S. 18. — III. Miteigentum S. 22. — IV. Erwerb des Eigentumes. A. Abgeleiteter Eigentumserwerb S. 24. B. Ursprünglicher Eigentumserwerb S. 28. — V. Schutz des Eigentumes S. 36.

Die Dienstbarkeiten . . . . 42—52

I. Wesen der Dienstbarkeit. Allgemeine Grundsätze S. 42. — II. Arten der Dienstbarkeiten S. 43. — III. Erwerb der Dienstbarkeit S. 49. — IV. Erlöschung der Dienstbarkeiten S. 50. — V. Schutz der Dienstbarkeiten S. 51.

Das Pfandrecht . . . . 52—59

I. Wesen des Pfandrechtes. Allgemeine Grundsätze S. 52. — II. Entstehung des Pfandrechtes S. 54. — III. Das Pfandrechtsverhältnis S. 56. — IV. Endigung des Pfandrechtes S. 58. — V. Schutz des Pfandrechtes S. 59.

Das Grundbuchsrecht . . . . 60—73

I. Grundbuchsverfassung S. 60. — II. Das materielle Grundbuchsrecht S. 61. — III. Grundzüge des Verfahrens in Grundbuchssachen S. 69.

Sachenrecht.

Von

Professor Dr. **E. Demelius**, Innsbruck.

Der Besitz.

I. Begriff. Das a. b. G.B. steht in der Besitzlehre auf dem Standpunkt, welchen die gemeinrechtliche Lehre zu Ende des vorigen Jahrhunderts, vor Erscheinen des Savigny'schen Werkes über „das Recht des Besitzes" (1803) einnahm. Dementsprechend hält sich das a. b. G.B. zwar keineswegs von terminologischen Fehlern frei; seine Bestimmungen gestatten jedoch immerhin zufolge des praktischen Taktes, der auch diesen Teil des Gesetzes auszeichnet, die Entwickelung einer modernen Auffassung und modernen Verhältnissen entsprechenden Besitzlehre. Allerdings ist hiezu eine etwas freiere Stellung nicht nur dem Wortlaut des Gesetzes gegenüber erforderlich, sondern auch dem gegenüber, was die Redaktoren, ohne es ausdrücklich zu sagen, vermutlich wollten. — Das a. b. G.B. ist mit Rücksicht darauf, daß es unter den Begriff der Sache auch Rechte begreift, wenigstens anscheinend in der Lage, eine für das ganze Gebiet des Besitzes — Sach- und Rechtsbesitz — geltende Begriffsbestimmung zu geben. Es giebt dieselbe allerdings nicht in einer Definition des Besitzes selbst; es sagt vielmehr nur, wer Besitzer sei. Solcher ist jeder „Inhaber einer Sache", der zudem den Willen hat, „sie als die seinige zu behalten" (§ 309). Hieraus ergiebt sich, daß das a. b. G.B. den Besitz als durch Besitzwillen qualifizierte Inhabung auffaßt, daß also die Begriffsbestimmung des § 309 auf den Sachbesitz und insbesondere auf den Eigentumsbesitz zugeschnitten ist, ähnlich wie die Pfandrechtsdefinition des § 447 einseitig das Sachenpfandrecht im Auge hat. Eine einheitliche, alle Fälle des Sach- und Rechtsbesitzes berücksichtigende Bestimmung des Besitzbegriffes, ist nur aus dessen wirtschaftlicher Funktion zu gewinnen. Hiernach besteht der Besitz in einem faktischen, d. h. von der Frage rechtlicher Zugehörigkeit ganz unabhängigen Verknüpftsein eines Gutes (im vermögensrechtlichen Sinn) mit dem Wirthschaftskreise einer Person. Güter, die das Individuum zur Befriedigung seiner Bedürfnisse an sich herangezogen, müssen ihm im Interesse geregelter Abwickelung seines Wirtschaftslebens dauernd zur Verfügung stehen, d. h. er muß gegen willkürliche Störungen des Genießens wie auch der bloßen Möglichkeit des Genießens geschützt sein (vgl. Pfersche, Österr. Sachenrecht, I. S. 31 f., Pininski, Thatbestand des Sachbesitzerwerbes, I. S. 26, 29, Burckhard, System II. § 113, Dernburg, Preuß Pr.R. I. S. 351). Der Besitz und sein Schutz stehen insofern außerhalb des Systems der Sachenrechte, insbesondere außerhalb des Institutes des Eigentumsrechtes. Beide bestanden wohl ebenso vor der heutigen Privatrechtsordnung, als sie bestehen bleiben würden, wofern an die Stelle der heutigen einst eine andere Wirtschaftsordnung treten sollte. Auf diese Weise erklärt sich auch das vielfache und energische Bestreben, dem Besitz die Qualität des subjektiven Rechts abzusprechen. Dabei wird einerseits der Gegensatz zwischen dem Besitzrecht und andern Rechten richtig empfunden, andrerseits jedoch übersehen, daß dort, wo die wirtschaftliche Beziehung der Person zum Rechtsgut durch Gebots= und Verbotsnormen geschützt wird, denn doch subjektives Vermögensrecht anzuerkennen ist. Das a. b. G.B. bezeichnet nun auch ganz richtig den Besitz als Recht und zählt ihn zu den dinglichen Sachenrechten (§ 308). Die systematische Einreihung des Besitzes in das Sachenrecht hat wie die gleiche Behandlung des Pfandrechtes Zweckmäßigkeitsgründe für sich, denn der Sachbesitz bildet ebenso wie das Sachenpfandrecht den wichtigsten Typus dieser beiden Institute. Zugleich liegt auch in vielen Fällen des Rechtsbesitzes (z. B. des Usufruktuars, Mieters) eine unmittelbare Beziehung zwischen Person und Sache vor. Andererseits giebt es jedoch Fälle des Rechtsbesitzes (wie ja auch des Pfandrechtes), wo jede Dinglichkeit mangelt, z. B. Besitz an Forderungen oder an sogenannten absoluten Rechten, z. B. am Autorrecht. Streng systematisch müßte daher der Besitz in den allgemeinen Teil verwiesen werden, aber allerdings nicht, wie Krainz dies thut, in die Beweislehre.

Da der Besitz eine Erscheinung des wirtschaftlichen Lebens ist, so ist auch für die Frage, wann er vorhanden, die Auffassung des Lebens und Verkehrs maßgebend. Objektive, allgemein zutreffende Merkmale für das Vorhandensein von Besitz lassen sich nicht aufstellen. Insbesondere ist das äußerliche Gewaltverhältnis kein untrügliches Zeichen; so ist der die Kleidungsstücke seines Herrn unter selbständigem Verschluß aufbewahrende Diener sicher nicht Besitzer (vgl. § 855 des deutschen b. G.B.); er ist jedoch zur Ausübung der Selbsthilfe als Vertreter seines Herrn berechtigt (vgl. § 860 des deutschen b. G.B.) Andererseits ist sogar derjenige, welcher eine Sache verloren hat, noch Besitzer derselben, sofern Hoffnung vorhanden ist, sie wiederzufinden (§ 349 a. b. G.B.). Immerhin ist jedoch das Ausüben der thatsächlichen Gewalt über eine Sache noch das relativ sicherste Kriterium für das Vorhandensein von Besitz. Dieses Gewaltverhältnis braucht indes kein positives, d. h. mit präsenter Einwirkungsmöglichkeit versehenes zu sein. Es genügt das für Dritte erkennbare und von diesen respektierte Zugehören einer Sache zu unserem Wirtschaftskreis. So besitzen wir z. B. entlegene, einen Teil des Jahres vielleicht unzugängliche Alpen.

II. Besitz und Inhabung. Gegenstand des Besitzes. Das a. b. G.B. unterscheidet scharf zwischen den beiden Begriffen Besitz und Inhabung, welchen in der gemeinrechtlichen Theorie die Ausdrücke: juristischer Besitz und Detention entsprechen. Inhaber ist jeder, der die Sache, sei es auch unbewußt, in seiner Macht oder Gewahrsam hat, gleichgültig, ob die Verfügungsgewalt vom Inhaber selbst, oder durch Dritte ausgeübt wird (Zeiller zu § 309). Kommt hinzu der (wenn auch rechtswidrige) Wille, die Sache „als die seinige zu behalten", so ist Besitz vorhanden. Das a. b. G.B. stellt also der gemeinrechtlichen Theorie entsprechend die beiden Erfordernisse des corpus und animus auf. Besitzschutz genießt nur der Besitzer, nicht aber der Inhaber. Obwohl nun § 309 an der Spitze des vom Besitz im allgemeinen handelnden Hauptstückes steht, zudem der Begriff der Sache nach ö. R. auch die Rechte begreift, was für die Besitzlehre in § 311 noch besonders hervorgehoben erscheint, obwohl weiters auch der Rechtsbesitz (z. B. des Pfandgläubigers, Bestandnehmers) gewisse sachenrechtliche Beziehungen begründen kann, so darf die Bestimmung dieses § 309 doch nur auf den Sachbesitzer bezogen werden (Randa, § 2). Wer gem. § 309 a. b. G.B. nicht Sachbesitzer, sondern bloßer Inhaber ist, kann Besitzschutz nur als Rechtsbesitzer finden. Wer Rechtsbesitzer ist, sagt das a. b. G.B. nicht, wohl aber spricht es vom Erwerb des Rechtsbesitzes in den §§ 312 und 313 a. b. G.B. Hiernach wird man Rechtsbesitzer durch den Gebrauch der Rechte im eigenen Namen. Obwohl nun das a. b. G.B. Rechte im allgemeinen als Gegenstand des Besitzes bezeichnet, der Besitz jedoch eine auf Dauer veranlagte wirtschaftliche Beziehung voraussetzt, was von vornherein gewisse Rechte untauglich zum Besitzobjekt zu machen scheint, so müssen die verschiedenen Rechte auf ihre Tauglichkeit, Gegenstand des Besitzes zu sein, untersucht werden. Rechtsbesitzer ist vor allem, wer auf Grund eines dinglichen Partialrechtes in wirtschaftlicher Beziehung zu einer Sache steht, also der Servitutenbesitzer und der Faustpfandgläubiger. Daß letzterer auch nach ö. R. Besitzschutz genießt, hätte nie bezweifelt werden sollen, vor allem nicht aus dem Grunde, weil das Pfandrecht angeblich nur eine einmalige Ausübung zuläßt (Pfersche, S. 222, Note 1, Burckhard, S. 98). Daher ist jede künstliche Konstruktion des Besitzschutzes des Faustpfandgläubigers überflüssig, sei es nun, daß man vom Besitz eines im Faustpfandrecht gelegenen Retentionsrechtes (Krainz u. a.) oder vom Besitz des dem Faustpfandgläubiger zukommenden Rechtes zur Innehabung der Pfandsache (Steinlechner) spricht. Den Besitzern dinglicher Partialrechte steht am nächsten der Mieter und Pächter. Ferner genießt der Kommodatar, der Pretarist (als Besitzer des Rechtes, die Sache so lange zu haben, bis sie ihm wieder abverlangt wird) und auch der Finder (als Besitzer des ihm durch das Finden erworbenen Anwart= schaftsrechtes, vgl. Pfersche, S. 173 ff.) nach ö. R. Besitzschutz. Nicht aber der Depositar, so sehr diesem auch de lege ferenda Besitzschutz zu gewähren wäre (vgl. § 868 des deutschen b. G.B. und v. Schey, Obligationsverhältnisse I. S. 313 ff.). Man kann die bisher berührten Besitzfälle zweckmäßigerweise (mit Pfersche) einteilen in 1. Sachbesitz (Eigentumsbesitz), 2. Nutzbesitz (Besitz des Nießbrauchers, des Gebrauchsberechtigten, des Pfandgläubigers, des Mieters, Pächters, Kommodatars, Finders, Prekaristen), 3. Servituten= besitz. Es fragt sich nun, inwieweit nach ö. R. 4. Forderungsbesitz anzuerkennen ist. Nach dem Wortlaut des § 311 a. b. G.B. sind alle Rechte Gegenstand des Besitzes, was jedoch schon von vornherein, abgesehen von gewissen öffentlich=rechtlichen Verhältnissen (Patronat, Steueuerfreiheit), auf das Gebiet des Vermögensrechtes einzuschränken ist. Aber auch hier wird der Kreis der besitzbaren Rechte noch enger abzustecken sein. Zum Besitzbegriff gehört die auf Dauer angelegte wirtschaftliche Verknüpfung zwischen Person und Rechtsgut. Ausgeschlossen als Objekte des Besitzes sind daher solche Forderungsrechte, welche nur eine einmalige Ausübung zulassen; die Anstellbarkeit von Feststellungsklagen in An= sehung solcher Forderungsrechte hat mit possessorischem Schutz nichts zu thun. Gegen= stand des Besitzes sind somit die Realrechte, Rentenbezugsrechte, Forderungen auf wieder= kehrende Kapitalszinsen. Endlich ist Besitz 5. auch denkbar an sog. absoluten oder Individualrechten, wie dem Autor, Patent=, Firmen=, Marken= und Musterrecht.

Wenn der bloße Inhaber einer fremden Sache als Rechtsbesitzer Besitzschutz genießt (Nießbraucher, Pfandgläubiger u. s. w.), so bleibt dennoch gleichzeitig derjenige, dem die Sache gehört, Sachbesitzer und hat als solcher gleichfalls Besitzschutz. Es besteht somit hinsichtlich einer und derselben Sache ein doppeltes Besitzverhältniß. Das b. G.B. für das Deutsche Reich bezeichnet in diesen Fällen den Rechtsbesitzer als unmittelbaren, den Sachbesitzer als mittelbaren Besitzer (§ 868 b. b. G.B.). Beiden kommt auch gegeneinander Besitzschutz zu. Familienrechte sind nicht Gegenstand des Besitzes. Auch aus der Bestimmung des zweiten Satzes des § 1458 a. b. G.B. kann das Gegenteil nicht abgeleitet werden; hier handelt es sich vielmehr lediglich um „einstweiligen", also provisorischen Rechtsschutz (a. M. Krainz, I. S. 491).

Das Erbrecht kann nicht Gegenstand des Besitzes sein, da es zunächst nur eine Anwartschaft auf Rechtserwerb enthält (a. M. Pfaff=Hofmann, Burckhard).

III. Arten des Besitzes. 1. Rechtmäßiger und unrechtmäßiger Besitz. Hat der= jenige, welcher besitzt, zugleich das Recht zum Besitze, so ist er rechtmäßiger, titulierter Besitzer (§ 316 a. b. G.B.) Als Titel zum Erwerb rechtmäßigen Besitzes bezeichnet das Gesetz die Occupation herrenloser Sachen, die Übertragung seitens des Vorbesitzers (sei es von Todeswegen oder unter Lebenden), das richterliche Urteil und das Gesetz (§ 317). Zur Erwerbung rechtmäßigen Besitzes ist daher, soweit es sich um Sachbesitz handelt, das Vor= handensein eines zum Eigentumserwerb geeigneten Rechtsgrundes erforderlich. Unmittelbar im Gesetze liegt nach Ansicht des a. b. G.B. der Titel z. B. im Falle des Erwerbs auf Grund gesetzlicher Erbfolge oder der Ersitzung. Die Aufzählung der Titel des rechtmäßigen Besitzes im a. b. G.B. zeigt, daß es eigentliche, specifische Besitztitel nicht giebt, daß vielmehr die Eigentumstitel zugleich auch Besitztitel sind (vgl. § 1461 a. b. G.B.). Be= sonders glaubt das a. b. G.B. bestimmen zu sollen, daß der Inhaber als solcher keinen Titel zur Besitznahme der Sache habe und einen solchen auch nicht eigenmächtig erlangen könne (§§ 318, 319). Er kann zwar eigenmächtig Besitz erwerben, aber nur unrechtmäßigen.

Der Titel macht, wenn er zum Besitze hinzutritt, denselben zu einem besonders qualifizierten. Diese Qualifikation hat jedoch für die Besitzlehre keine weitere Bedeutung, da der possessorische Schutz unabhängig ist von der Rechtmäßigkeit des Besitzes (§ 339 a. b. G.B.). Daß der Titel an und für sich nicht Besitzerwerb bewirkt, sondern nur das „Recht zum Besitz" gewährt, sagt § 320 und anerkennt damit, daß es selbständige Besitztitel überhaupt nicht giebt.

2. **Redlicher und unredlicher Besitz.** Auf verschiedenen außerhalb der Besitzlehre liegenden Gebieten spielt die Qualität der Redlichkeit des Besitzes eine Rolle (z. B. Ersitzung, Impensenersatz). Nach dem a. b. G.B. (§ 326) ist derjenige redlicher Besitzer, der die Sache, die er besitzt, „aus wahrscheinlichen Gründen für die seinige hält". Nicht notwendig ist, daß sich der Sachbesitzer für den Eigentümer hält; es genügt das Bewußtsein, durch den Besitz kein materielles Unrecht zu thun (Windscheid, I. S. 582). Im übrigen ist es schwer zu sagen, was die Redaktoren mit den „wahrscheinlichen Gründen" sagen wollten; auch das Zurückgehen auf die Kodifikationsgeschichte versagt (vgl. v. Schey, Über den redlichen und unredlichen Besitzer, S. 83 ff.). Vermutlich lag diesen Worten ein vollständig klarer und ausgereifter Gedanke überhaupt nicht zu Grunde. Kaum anzunehmen ist, daß man mit ihnen die Beweisbarkeit des guten Glaubens durch bloße Indicien statuieren wollte, denn auch Indicien müßten doch mehr als bloße Wahrscheinlichkeit liefern. Offenbar wollte man vielmehr der Natur der Sache auch entsprechend, von den Vorteilen des redlichen Besitzes jene ausschließen, die ihren guten Glauben leichtfertiger und unaufmerksamer Weise gewonnen hatten. Guter Glaube setzt demnach auch nach österr. R. Entschuldbarkeit des ihm zu Grunde liegenden Irrtums, sei dies Thatoder Rechtsirrtum, voraus (a. M. Unger, Burckhard, v. Schey). Nur bei dieser Interpretation ist § 326 in Einklang zu bringen mit § 1493 a. E. und § 368 a. b. G.B.

Zu Gunsten der Redlichkeit des Besitzes wird in § 328 eine Vermutung aufgestellt, welche sich ihrer wahren Natur nach als Beweislastregulierung darstellt (Unger, II. S. 592).

Eine specielle Norm stellt das a. b. G.B. in § 337 für den gutgläubigen Besitz von Gemeinden auf. Entscheidend ist der gute Glaube der geschäftsführenden Repräsentanz, nicht aber der Gemeindemitglieder. Dasselbe Princip gilt für die Korporationen überhaupt (Randa, Besitz, § 20, Stubenrauch, zu § 337).

3. **Echter und unechter Besitz.** Mit Unechtheit bezeichnet das a. b. G.B. eine gesteigerte Unrechtmäßigkeit des Besitzes; dem unechten Besitze liegt nicht nur kein gültiger Titel zu Grunde, vielmehr wurde er geradezu fehlerhaft erworben. „Wenn sich jemand in den Besitz eindrängt, oder durch List oder Bitte heimlich einschleicht, und das, was man ihm aus Gefälligkeit, ohne sich einer fortdauernden Verbindlichkeit zu unterziehen, gestattet, in ein fortwährendes Recht zu verwandeln sucht, so wird der an sich unredliche Besitz noch überdies unecht" (§ 345 a. b. G.B.). Der unechte Besitzer genießt dem von ihm Entsetzten, aber auch nur diesem, gegenüber keinen possessorischen Schutz (Zeiller, II. S. 96); es kommt somit die Qualität der Echtheit bezw. Unechtheit des Besitzes für das Gebiet der Besitzlehre und zwar ausschließlich für dieses in Betracht; Dagegen geht das in der Ersitzung aufgestellte Echtheitserfordernis (§ 1464 a. b. B.G.) in der notwendigen Rechtmäßigkeit des Besitzes auf. Unrichtig ist, wenn man § 345 annimmt, daß unechter Besitz immer auch unredlich sei; man nimmt z. B. jemandem eine Sache gewaltsam ab, weil man sie für die seinige hält (Randa, Besitz, § 7 c. a. E.).

Die vom preußischen Landrecht gemachte Einteilung in vollständigen Besitz (Eigenbesitz) und unvollständigen kennt das österr. R. nicht.

IV. **Erwerb des Besitzes.** Subjekt des Besitzes kann jeder sein, der vermögensrechtsfähig ist. Willensunfähigkeit (z. B. bei Geisteskranken, Kindern, juristischen Personen) schließt mit Rücksicht auf die gesetzliche Vertretung die Besitzmöglichkeit nicht aus. Letztere wird auch dadurch nicht beseitigt, daß Eigentumserwerb an der bezüglichen Sache ausgeschlossen wäre (Burckhard, § 134; a. M. Krainz, I. S. 484, Randa, § 9). Der Besitzschutz hat mit der Frage der Eigentumsfähigkeit nichts zu thun. Er wird jedoch dort versagt, wo das bezügliche Rechtsverhältnis vom objektiven Rechte grundsätzlich nicht anerkannt wird, z. B. der Besitz von Rechten aus Leibeigenschaft oder Gutsunterthänigkeit (f. Dernburg, I. § 150). Mitbesitz mehrerer ist an ideellen, wenn auch vorläufig noch unbestimmten (Dernburg a. a. O.; a. M. Randa § 17) Teilen einer Sache möglich (§ 833 a. b. G.B.). Dagegen ist Sonderbesitz am reellen Teile einer einheitlichen beweglichen Sache, z. B. am Rücken eines Pferdes, ausgeschlossen. Reelle Teile einer zusammengesetzten Sache sind Gegenstand besonderen Besitzes, sofern sie ihre Selbständigkeit nicht definitiv eingebüßt haben, also insbesondere noch abtrennbar sind. So steht das entlehnte und dem Wagen eingefügte Rad trotzdem noch im Besitz des Verleihers. Dem Besitzer einer zusammengesetzten Sache kommt außerdem nicht noch besonderer Besitz an den einzelnen Teilen zu (a. M. Randa, Krainz). Damit ist nicht ausgeschlossen, daß die Frage der Ersitzung eine bezüglich der einzelnen Bestandteile selbständig zu beantwortende ist. Der abgetrennte Bestandteil wird auch dem Besitzer des Ganzen gegenüber wieder besonderes Besitzobjekt; es ist daher gegen denjenigen, der ein Fensterkreuz ausbricht und fortträgt, die Besitzstörungsklage seitens des Besitzers des Gebäudes selbstverständlich zulässig (s. Burckhard, S. 29). Was unbewegliche Sachen anbelangt, so ist Besitz an reellen Teilen von Grundstücken möglich, desgleichen besonderer Besitz an einzelnen Stockwerken von Gebäuden, sowie auch von Gebäuden selbst, die auf fremdem Grund stehen (z. B. Ankauf auf Abbruch). Auch an ungetrennten Früchten und an Bäumen, die auf fremdem Grund stehen, ist gesonderter Besitz möglich, sofern Verfügungsmöglichkeit (insbesondere Zugänglichkeit) vorhanden (vgl. Dernburg I., S. 335; a. M. Randa, Krainz). Für Tirol ist durch das Gesetz vom 17. März 1897 Nr. 77 R.G.B. sogar die Möglichkeit selbständigen Eigentums an Bäumen auf fremdem Grunde anerkannt.

Zu unterscheiden von der Fähigkeit, besitzen zu können, ist die Fähigkeit, Besitz selbstthätig erwerben zu können. Ausgeschlossen von letzterer ist, wer nicht einmal eines vernünftigen Aneignungswillens fähig ist, wie Geisteskranke und Kinder unter sieben Jahren (§§ 310, 21 a. b. G.B.).

Was den Akt der Besitzerwerbung selbst anbelangt, so eignet sich hiezu jeder Vorgang, der geeignet ist, ein Vermögensrechtsgut einer Person mit deren Absicht oder wenigstens nicht gegen dieselbe dauernd zu wirtschaftlicher Disposition zu stellen. Demgemäß sind die einzelnen Arten des Besitzerwerbes, da es sich vielfach um Verkehrsauffassung und Sitte handelt, kaum zu überblicken, noch weniger aber lassen sie sich schematisieren. Einige wenige allgemeine Gesichtspunkte lassen sich hervorheben; im übrigen ist man auf die Betrachtung der wichtigsten und häufigsten Typen angewiesen. Hier wird zunächst vom Erwerb des Sachbesitzes gesprochen (über Rechtsbesitz und dessen Erwerb s. unten). Zwei Momente treten beim Sachbesitzerwerb, wenn auch graduell mannigfach abgestuft, hervor: das Willensmoment, der sog. animus, das Moment thatsächlicher Gewalt, das sog. corpus (über die quellenmäßige Bedeutung des letzteren s. Hruza, Der Sachbesitzerwerb corpore et animo bei Grünhut, XXIV. S. 217 ff.). Gegen seinen Willen erwirbt niemand, der juristisch willensfähig ist, Besitz; nicht aber ist im Momente der Besitzergreifung stets ein konkreter Willensentschluß, gerichtet auf Besitzerwerb, erforderlich. Es kann einerseits die Bereitwilligkeit, Besitz an gewissen Sachen zu erwerben, schon allgemein im vornherein vorhanden sein, oder es kann sich insbesondere beim Besitzerwerb durch Stellvertreter der animus erst nachträglich, jedoch mit rückwirkender Kraft, einstellen. Auch wer von seinem Machtverhältnis über eine Sache nichts weiß, kann Besitzer sein, daher ist der Satz: ignoranti non acquiritur possessio in seiner Allgemeinheit für das österr. R. nicht zutreffend (a. M. Randa, § 12). Was das corpus beim Sachbesitzerwerb anbelangt, so enthält allerdings § 312 a. b. G.B. eine scheinbar präcise Norm, die jedoch im Grunde nicht mehr als eine ziemlich allgemein gehaltene Exemplifikation ist (Randa, Exner, Tradition S. 95, Pfersche, S. 120). Im allgemeinen kann gesagt werden, daß Gegenwart der zu apprehendierenden Sache ebensowenig in allen Fällen erforderlich ist, wie die Möglichkeit sofortiger und unmittelbarer Einwirkung (vgl. Dernburg, I S. 337, Note 4). Wohl aber wird für die Art der Besitzergreifung von Bedeutung sein, ob die Sache eine solche ist, die sich dem bereits begründeten Herrschaftsverhältnisse leicht wieder entzieht (Dernburg a. a. O.). Entscheidenden Einfluß auf das Erfordernis des corpus hat endlich die Thatsache, ob der Besitz durch Occupation herrenloser Sachen oder durch Tradition erworben wird (Strohal). Diese beiden Fälle sind daher vor allem zu sondern.

Übrigens betont das a. b. G.B. selbst in § 315 den Unterschied zwischen unmittelbarer (d. h. occupativer) und mittelbarer Besitzergreifung in Bezug auf den **Umfang der Erwerbung**. Es läßt letzteren Falles, sofern der Besitzerwerb nicht eigenmächtig erfolgte, geradezu Succession in den Besitz des Vormannes eintreten, indem es das Erfordernis besonderer physischer Ergreifung zurückstellt. Andererseits läßt es bei unmittelbarer (und eigenmächtig mittelbarer) Erwerbung nur soviel Besitz erlangen, „als wirklich ergriffen, betreten, gebraucht, bezeichnet oder in Verwahrung gebracht worden ist". Das a. b. G.B. kennt somit **derivativen** Besitzerwerb (a. M. Randa, § 15). Auch auf den Erben geht nach österr. R. Besitz über, sowie der Besitzschutz auch hereditate jacente nicht unterbrochen wird (Pferſche, § 36).

Das a. b. G.B. begnügt sich jedoch nicht mit dem in § 315 aufgestellten allgemeinen Grundsatz, sondern bringt in § 427 ziemlich eingehende Bestimmungen über den derivativen Besitzerwerb ohne „körperliche" Übergabe (sog. Übergabe durch Zeichen, symbolische Tradition). Die Stellung des § 427 in dem vom Eigentumserwerb durch Tradition handelnden Hauptstücke hindert, da auch § 315 von Übergabe „durch deutliche Zeichen" spricht, keineswegs, den Inhalt ersterer Gesetzesstelle auch für die Besitzlehre maßgebend sein zu lassen. Es ergiebt sich weder aus dem Gesetz noch aus der Natur der Sache ein Anhaltspunkt, daß für den Besitzerwerb dort, wo er Eigentumserwerb vermittelt, besondere Regeln zu gelten haben, daß somit § 427 die Eigentumsübertragung ohne Besitzübertragung im Auge habe (so Exner, Tradition VI, dem Burckhard, III. S. 44 bis 46 folgt). In allen Fällen des § 427, von denen nur der Fall der Übertragung von „Schuldforderungen" als das Gebiet des **Sach**besitzes nicht berührend auszuscheiden ist, handelt es sich somit um Erwerbung wahren, sofortigen Interdiktenschutz genießenden Besitzes, sofern nur der Ausübung thatsächlicher Gewalt über die tradierte Sache kein Hindernis entgegensteht (Zeiller, II. S. 224, Randa, § 11). So wird zweifellos Besitz erworben, wenn Werkzeuge (z. B. Schlüssel) übergeben werden, „durch die der Übernehmer in den Stand gesetzt wird, ausschließend den Besitz der Sache zu ergreifen"; desgleichen wird Besitz an Waren durch Übergabe (und Indossierung) gewisser Papiere (Lagerschein, Ladeschein, Conossament) erworben; diese Papiere eröffnen gleichsam den Raum, wo die Waren sich befinden (Dernburg, I. S. 338). Aber auch die allgemein erkennbare Signierung einer Sache kann zum Besitzerwerb genügen. Hieher gehören die Fälle, daß die Sache nicht nur dem Besitzerwerber, sondern auch Dritten frei zugänglich ist. Das Corpus ist durch die Voraussetzung gegeben, daß Dritte die ihnen erkennbare Überlassung der Sache an einen anderen offenbar respektieren werden. Dadurch erhält die Einwirkungsmöglichkeit des Erwerbers den Charakter der Ausschließlichkeit.

§ 427 gilt nur für **bewegliche** Sachen, zählt jedoch für diese die Fälle der sog. symbolischen Tradition nicht erschöpfend auf (Zeiller, II. S. 224). Insbesondere wird Besitz an beweglichen Sachen auch ohne Signierung erworben, wenn deren Überlassung auf andere Weise, vor allem durch gewisse räumliche Veränderungen, für Dritte erkennbar ist, z. B. Ablagerung von Material auf einem offenen Bauplatze. Hinsichtlich **unbeweglicher** Sachen ergiebt sich die Möglichkeit einer Besitzübertragung ohne „körperliche" Übergabe aus dem für bewegliche und unbewegliche Sachen geltenden § 315 a. E. Das Gesetz denkt an dieser Stelle zunächst an den Fall, daß wenigstens ein Teil des zu tradierenden Ganzen „körperlich" übergeben wird (Zeiler, II. S. 49). Es wird jedoch zum Besitzübergang von Grundstücken Anwesenheit auf der Sache oder in der Nähe derselben nicht erforderlich sein; die Willenseinigung, Besitz zu übertragen, bezw. zu erwerben, wird genügen, sofern der physischen Besitzergreifung kein Hindernis entgegensteht (Dernburg, I. S. 341, Burckhard, III. S. 40 ff.; a. M. Randa, § 11; vgl. auch Hruza, a. a. O. S. 268 ff.).

Neben der körperlichen und der Übergabe durch Zeichen kennt das a. b. G.B. noch die Übergabe durch Erklärung (§ 428). Hierher gehören die Fälle der sog. brevi manu traditio und das sog. constitutum possessorium, denen noch der in § 428 nicht genannte Fall der Anweisung einer in der Inhabung eines Dritten befindlichen Sache anzureihen ist. Besitzerwerb für den Assignatar tritt letzteren Falles, da die Anweisung das Interesse des Inhabers regelmäßig nicht berührt, in dem Augenblicke ein, als dieser die Anweisung annimmt (Dernburg, I. S. 339). Die Bestimmung des § 429 a. b. G.B. ist für die Besitzlehre ohne Bedeutung; sie regelt lediglich die Eigentums- und Gefahrfrage (a. M. Krainz, I. S. 503, Randa, Eigentum S. 328).

Der Besitz kann wie andere Rechte auch unmittelbar durch Stellvertreter erworben werden. Dies setzt erstens voraus, daß der Stellvertreter in der Absicht handelt, den Besitz für einen Dritten zu erwerben. Diese Absicht muß dann eine erkennbare sein, wenn es dem Tradenten nach den obwaltenden Umständen nicht gleichgültig ist, auf wen er den Besitz überträgt. Erkennbar ist das Vertretungsverhältnis entweder auf Grund ausdrücklicher Bekanntgabe desselben oder aus den Umständen; es interveniert z. B. der dem Tradenten bekannte Agent oder Handlungsbevollmächtigte eines Dritten. Der unmittelbare Besitzerwerb durch den Vertretenen kann hier nicht dadurch verhindert werden, daß der Vertreter beabsichtigt, die Sache für sich zu behalten. Anders wenn es sich von vornherein um ein Geschäft zwischen Tradenten und dem Stellvertreter handelt (der Handlungsbevollmächtigte kauft z. B. Tuch für seinen Principal ein und zugleich solches zu einem Anzug für sich). Aber auch dann, wenn Tradent mangels eines Interesses sich nicht darum kümmert, wer der eigentliche Erwerber ist, wird Besitz unmittelbar für den Vertretenen erworben, falls der Vertreter letzterem gegenüber zu unmittelbarer Besitzerwerbung verpflichtet ist (Pfersche, S. 159, Dernburg, I. S. 343; abweichend Randa, § 20, Krainz, I. S. 501). Um selbständig für andere Besitz erwerben zu können, ist Willensfähigkeit des Vertreters erforderlich. Nicht ausgeschlossen ist jedoch, daß auch Kinder oder Geisteskranke als rein mechanische Mittel der Besitzergreifung verwendet werden. Besitzerwerb durch Stellvertreter erfordert zweitens auf Seite des Vertretenen den Willen, Besitz durch den Stellvertreter zu erwerben. Dieser Wille kann auch im vorhinein allgemein, z. B. einem Verwalter oder Geschäftsführer gegenüber, erklärt sein. Letzterenfalls ist es jedoch weitere Voraussetzung, daß der Repräsentant die Grenzen der ihm zugewiesenen Thätigkeit einhält. Soweit dies nicht geschieht, sowie dann, wenn überhaupt keine Ermächtigung vorliegt, muß der Besitzerwerb seitens des Vertretenen ratihabiert werden. Diese Ratihabition wird jedoch auf den Zeitpunkt der Erwerbung durch den Vertreter zurückbezogen (Randa, § 20, Krainz, S. 501, Dernburg, I. S. 344). Der Vertreter kann sich wieder weiter vertreten lassen.

Handlungsunfähige Personen können Besitz nur durch ihre gesetzlichen Vertreter erwerben, so auch juristische Personen (§ 310 a. b. G.B.).

Vielfach wird das constitutum possessorium als Fall des Besitzerwerbes durch Stellvertreter betrachtet (Randa, Krainz). Thatsächlich steht hier jedoch zwischen Besitzvormann und Besitzerwerber keine Mittelsperson; ersterer ist lediglich Organ des letzteren bei Ausübung des Gewaltverhältnisses.

V. **Verlust des Besitzes.** Der einmal begründete Besitz ist in seiner Fortdauer unabhängig von dem seinem Erwerb zu Grunde liegenden Thatbestand (§ 352 a. E.). Mangel präsenten Besitzwillens sowie zeitliche Einwirkungsunmöglichkeit bewirken nicht Besitzverlust. Hiezu ist eine derartige Veränderung der Verhältnisse erforderlich, daß nach gewöhnlichem Verlauf der Dinge auf künftige Disposition über die Sache überhaupt nicht mehr zu rechnen ist (z. B. Versinken eines Ringes in eine unzugängliche Gletscherspalte). Das a. b. G.B. zählt in § 349 die Hauptfälle („insgemein") des Sachbesitzverlustes auf. Dieselben sind 1. Inverlustgeraten einer Sache ohne Hoffnung des Wiederfindens: Hoffnung genommen im Sinne objektiv begründeter Aussicht auf Wiedererlangung. So tritt Besitzverlust ein durch Verlieren einer Sache auf der Reise, falls Verlustträger sich nicht erinnern und auch auf andere Weise nicht einmal annähernd bestimmen kann, wo er die Sache verloren. Dagegen wird der Besitz von Sachen, die an Orten mit starker Frequenz (z. B. im Wartesaal eines Bahnhofes) stehen gelassen wurden, erst dann als verloren zu bezeichnen sein, wenn ein Wiedererlangungsversuch fruchtlos blieb. Auch für die Erhaltung des Besitzes an verlaufenen Tieren ist die „Hoffnung" der Wiedererlangung entscheidend. Das a. b. G.B. spricht in allen diesen Fällen davon, daß man sich durch den bloßen Willen im Besitze erhalten könne (sog. Mentalbesitz: § 352). Sachbesitz geht 2. verloren durch freiwilliges „Verlassen" der Sache (Dereliktion), vorausgesetzt, daß beim Aufgebenden volle

Willensfähigkeit vorhanden ist. Der bloße Willensentschluß ist jedoch zum Verlust des Besitzes nicht genügend; er muß irgendwie (mindestens durch Erklärung) in äußere Erscheinung treten. Veränderung des körperlichen Verhältnisses zur Sache, insbesondere Beseitigung des bisher bestehenden Gewahrsams z. B. durch Wegwerfen der Sache, ist nicht erforderlich, hat jedoch Bedeutung für den Beweis des animus derelinquendi (Krainz, I S. 507; a. M. Pfersche, S. 153). Der Besitz kann entweder bedingungslos oder zu Gunsten eines bestimmten Dritten bezw. eines bestimmten Kreises dritter Personen aufgegeben werden. Letzterenfalls hängt der Besitzverlust des bisherigen Besitzers von dem Besitzerwerb des Dritten ab (Pfersche, S. 153; a. M. Randa, § 22). Die Aushändigung einer Sache an eine bestimmte Person ist indes kein unwiderleglicher Beweis dafür, daß die Besitzaufgabe eine bedingte war (vgl. Dernburg, I S. 348). Der Sachbesitz geht 3. durch den Besitzerwerb eines Anderen unter, sei es, daß er diesem freiwillig überlassen oder von ihm eigenmächtig erworben wurde. Insbesondere kann auch der bisherige detentor nomine alieno durch äußerlich erkennbares und bethätigtes Fassen des Besitzwillens eigenmächtig Sachbesitz erwerben. Die Rechtmäßigkeit seines Besitzes hängt allerdings nicht von seinem Willen ab: dies ist der Sinn des ersten Satzes des § 319 a. b. G.B. (Randa, § 14; etwas abweichend Krainz, I S. 500, Pfersche, S. 101). In allen Fällen der Besitzentziehung ("mittelbare eigenmächtige Besitzergreifung": § 315 a. b. G.B.) bewirken Aneignungsakte nur dann Besitzerwerb, wenn sie das bisherige Gewaltverhältnis des Vormannes beseitigen und an dessen Stelle zu Gunsten des Erwerbers ein neues herstellen. Demgemäß entspricht auch der Umfang des Besitzerwerbes genau den Grenzen des Gewaltverhältnisses (§ 315 a. b. G.B.). Vgl. Pfersche S. 124. Außer in den vom Gesetz genannten Fällen geht der Sachbesitz noch unter durch Untergang der Sache, durch untrennbare Verbindung derselben mit einer anderen Sache (Pfersche, S. 152), durch Außerverkehrsetzung derselben, durch Expropriation (Pfersche, S. 155, Randa, Eigentum, S. 196), durch Abnahme der Sache im Wege der Zwangsvollstreckung (§§ 346 ff. der Exekutionsordnung; Pfersche, a. a. O.), nicht aber durch Veränderung oder Umgestaltung der Sache (a. M. Krainz, I S. 507 Note 12), auch nicht durch Geisteskrankheit, Abwesenheit, längere Strafhaft, Verschollenheit des Besitzers, es müßte denn sein, daß sich durch geraume Zeit Niemand um die betreffenden Sachen kümmert (Dernburg, I S. 347). Der nur zeitweilig oder unter einer Resolutivbedingung übertragene Besitz erlischt mit Ablauf der Zeit bezw. Erfüllung der Bedingung. Unfreiwilliger Besitzverlust kann auch durch Naturereignisse eintreten. Daß der Besitz nicht mit dem Tode des Besitzers hinwegfällt, wurde schon oben bemerkt. Besitz an unbeweglichen Sachen wird unfreiwillig verloren durch Dejektion oder heimliches Sichinbesitzsetzen seitens eines andern; ersterenfalls ist nicht erforderlich, daß Dejicient selbst Besitzer wird (Randa, § 22).

Wird der Sachbesitz nicht unmittelbar vom Besitzer ausgeübt, sondern steht zwischen diesem und dem Besitzobjekt ein Inhaber der Sache, sei es ein selbständiger (z. B. Prekarist), oder ein unselbständiger (z. B. der Gutsverwalter), so gestaltet sich der Besitzverlust folgendermaßen. Der die Sache innehabende Mittelsmann erscheint als Vertreter des Sachbesitzes hinsichtlich der Ausübung des Gewaltverhältnisses, daher sind für die Frage des Besitzverlustes in erster Linie die Verhältnisse des letzteren maßgebend. So geht der Besitz nicht verloren, wenn der Vertreter denselben aufzugeben erklärt und auch wirklich durch entsprechende äußere Handlung aufgibt; es müßte denn sein, daß auf das hin ein Dritter sich in den Besitz setzt. Desgleichen geht der Besitz nicht verloren durch Tod, Abwesenheit oder Geisteskrankheit des Vertreters, vielmehr nur durch solche Ereignisse, welche dem Vertretenen die Möglichkeit der Verfügung über die Sache benehmen, also durch Dejektion des Vertreters und gleichzeitige Besitzergreifung seitens des Dejicienten oder eines Dritten, ebenso durch Besitzübertragung seitens des treulosen Inhabers. Letzterenfalls ist die Besitzklage auch gegen den Empfänger der Sache zulässig, sofern derselbe sich nicht in gutem Glauben befindet (Pfersche, S. 165; a. M. Randa, § 23). Besitzverlust tritt endlich ein, wenn der Vertretene erklärt, den Besitz aufzugeben; es steht ihm, wenn auf das hin der Inhaber oder ein Dritter die Sache sich aneignet, Besitzschutz gegen beide nicht mehr zu (a. M. Pfersche, S. 161; vgl. jedoch Randa, § 23, Dernburg, I S. 349).

Der Handlungsunfähige verliert den Besitz durch Dereliktion oder Tradition seitens des gesetzlichen Vertreters, soweit dieser nicht den Umfang seiner Ermächtigung überschreitet; nicht aber durch dessen Tod, Abwesenheit oder Geisteskrankheit. Ueber den Verlust des Rechtsbesitzes s. unten.

VI. **Die Rechtswirkungen des Besitzes.** Die als Besitz bezeichnete vermögensrechtliche Position bringt nicht nur an und für sich gewisse rechtliche Vorteile mit sich, sie vermittelt auch den Erwerb anderer Rechte insbesondere des Eigentums und ist vor allem Gegenstand rechtlichen Schutzes. Von besonderen Vorteilen, die dem Besitze anhaften, nennt das a. b. G.B. die zu Gunsten des Besitzers bestehende Vermutung des gültigen Titels sowie die Unzulässigkeit der Aufforderungsklage gegen den Besitzer (§§ 323, 324). Erstere Vermutung enthält lediglich die Bestätigung einer allgemeinen Beweislastregel zu Gunsten des beklagten Besitzers. Die Unzulässigkeit der Aufforderungsklage (provocatio ex lege diffamari) gegen den Besitzer ist durch Nichtaufnahme des Aufforderungsverfahrens in die neue Civilprozeßordnung zu einer gegenstandslosen Bestimmung geworden. Da jedoch nach Art. XXXVIII des Einführungsgesetzes zur Civilprozeßordnung an Stelle der Aufforderungsklage des alten Rechts die Feststellungsklage des § 228 C.P.O. zu treten hat, so ergiebt sich die Frage, ob wie früher die Aufforderungsklage so jetzt die sog. negative Feststellungsklage gegen den Besitzer unzulässig ist. Diese Frage ist mit Rücksicht auf die zwischen beiden Klagen obwaltende Verschiedenheit hinsichtlich ihrer prozessualischen Funktion zu verneinen. Es hat jedoch jedenfalls der auf Feststellung der Unrechtmäßigkeit des beklagtischen Besitzes Klagende dies nachzuweisen; die im ersten Satz des § 323 enthaltene Beweislastregulirung gilt also auch für den Feststellungsprozeß (Krainz-Ehrenzweig, I S. 481, 467 Note 10).

Nicht eigentlich eine Rechtswirkung des Besitzes, sondern vielmehr das, was den Besitz zum Recht erhebt, ist der Besitzschutz. Ueber den Grund desselben s. oben unter I. Charakteristisch für den Besitzschutz ist das starke Hervortreten der Selbsthilfe (§ 344). Er erscheint, sofern der Besitzprozeß Vorläufer des petitorischen Streites ist, als einstweilige Regelung (§ 459 C.P.O.). Historische Grundlage der Besitzklagen des ö. R. ist das gemeinrechtliche Possessorium summariissimum (Zeiller, II S. 97, Pfersche, S. 87 ff., Dernburg, I S. 354 ff.; a. M. Canstein bei Grünhut Bd. V u. VI S. 811). Geschützt wird demnach letzter ruhiger Besitz unmittelbar vor erfolgter Störung oder Entsetzung, gleichgültig ob der Besitz rechtmäßig oder unrechtmäßig, redlich oder unredlich, echt oder unecht ist (§ 339). Auch die prozessualische Bedeutung des gemeinrechtlichen Possessorium summariissimum kommt im ö. R. dadurch zum Ausdruck, daß die neue Civilprozeßordnung vom Jahre 1895 für das Verfahren über „Besitzstörungsklagen" besondere Bestimmungen erlassen hat (§§ 453 bis 460), welche insbesondere auch das Erfordernis möglichster Raschheit des Verfahrens im Auge haben. Neben den eigentlichen Besitzklagen (Interdikten) dient auch die Klage auf Feststellung vorhandenen oder nicht vorhandenen Besitzes (§ 228 C.P.O.) unter Umständen dem Besitzschutz. Über sie kann jedoch nur in den Formen des ordentlichen Verfahrens verhandelt werden (Randa, § 7b, Pfersche, S. 91).

Das Recht der Selbsthilfe wird in § 344 a. b. G.B. dem Besitzer ausdrücklich und zwar als ein Rechtsmittel zur Erhaltung des Besitzes gewährt; dieses Recht kann daher aus der Straflosigkeit der Notwehr (Randa) nicht abgeleitet werden. Der Besitzer ist berechtigt, sich in den Besitz, dessen er soeben widerrechtlich entsetzt wurde, sofort wieder mit Gewalt einzusetzen also angriffsweise Selbsthilfe anzuwenden, vorausgesetzt daß die richterliche Hilfe zu spät kommen würde. Für diesen Vorgang ist jedoch Kontinuität erforderlich: wäre der Besitz des Entsetzers bereits ein ruhiger geworden (was auch vor Ablauf der für die Einbringung der Besitzentsetzungsklage gegebenen Präklusivfrist von dreißig Tagen geschehen kann; vgl. Pfersche, S. 35), so könnte Selbsthilfe nicht mehr stattfinden (Krainz, I S. 516, Pfersche a. a. O.). Angriffsweise Selbsthilfe nach § 344 steht auch dem zu, der eine Sache kraft Rechtsbesitzes in seinem Gewahrsam hat (Usufruktuar, Pfandgläubiger u. a.), desgleichen dem Sachbesitzer gegen den untreuen Detentor, falls letzterer nicht Inhaber der Sache kraft eignen Rechtsbesitzes ist (unselbständiger Inhaber;

vgl. Pferſche, S. 97), nicht aber dem Deponenten gegen den Depoſitar (a. M. v. Schey, Obligationsverhältniſſe I S. 315). Regel (einzelne Ausnahmen ſ. bei Pferſche, a. a. O.) iſt daher, daß derjenige, welcher Interdiktenſchutz genießt, auch zur angriffsweiſen Selbſt= hilfe unter den Vorausſetzungen des § 344 berechtigt iſt, ſo bezüglich derſelben Sache ſowohl der Sach= als der Rechtsbeſitzer; der unſelbſtändige Detentor iſt jedoch zur Selbſt= hilfe nur berufen als Mandatar oder Negotiorum Geſtor des Sachbeſitzers (Strohal, Succeſſion, S. 137). Kein Recht zu angriffsweiſer Selbſthilfe hat der unechte Beſitzer dem gegenüber, den er des Beſitzes entſetzt hat (§ 346 a. b. G.B.; Burckhard, S. 58). Nach allgemeinen Grundſätzen ſteht jedem Beſitzer ſowie auch dem Inhaber das Recht zur Selbſtverteidigung gegen rechtswidrige Angriffe zu; nur darf er dabei die Grenzen der Notwehr nicht über= ſchreiten (§ 19 a. b. G.B.). Nicht erforderlich iſt jedoch letzteren Falles, daß die richter= liche Hilfe zu ſpät gekommen wäre.

Was den gerichtlichen Beſitzſchutz anbelangt, ſo wird ſolcher ſowohl bei bloßer Störung (§ 339), als auch bei völliger Beſitzentſetzung (§ 346), ſomit in allen Fällen einer Beſitzverletzung gewährt. Die in beiden Fällen gegebene Klage iſt (im Gegenſatz zum röm. R.) ein einheitlich gedachtes, daher in der Praxis auch mit dem gemeinſamen Ausdrucke „Beſitzſtörungsklage" bezeichnetes Rechtsmittel. Damit Kläger obſiege, muß er unmittelbar vor der Störung oder Entſetzung ſich im ruhigen Beſitze befunden haben. Eigene Gewahrſame des Beſitzers iſt jedoch nicht erforderlich: auch der Deponent z. B. hat die Beſitzklage. Sofern es ſich um bloße Störung des Beſitzes handelt, iſt nicht erforderlich, daß noch zur Zeit des Urteils oder der Klagenſtellung Sachbeſitz vorhanden ſei; entſcheidend iſt vielmehr der Zeitpunkt der Störung (Pferſche, S. 195; Canſtein, a. a. O. S. 766). Beſitzſtörungs= und Beſitzentſetzungsklagen müſſen binnen dreißig Tagen, nachdem Kläger von der Störung Kenntnis erhalten hat, erhoben werden (§ 454 C.P.O.). Dieſe Friſt iſt eine materiell rechtliche, von Amtswegen zu berückſichtigende Präkluſivfriſt (Pferſche, S. 190; a. M. Randa, § 7d). Sie iſt indes als vom Prozeßgeſetz aufgeſtellt auch nach den Grundſätzen des § 125 Abſ. 1 u. 126 C.P.O. zu berechnen. Außerdem unterliegen Beſitzanſprüche der gewöhnlichen Verjährungszeit von dreißig Jahren, was allerdings nur dann von praktiſcher Bedeutung werden könnte, wenn der Verletzte ſo lange Zeit nichts von der Verletzung erfahren hätte (Pferſche, a. a. O.; a. M. Burckhard, S. 84 ff.). Gerichtlicher Schutz ſteht jedem Beſitzer, auch dem unrechtmäßigen, unredlichen und unechten zur Seite (§ 339 a. b. G.B.), dem unechten Beſitzer jedoch nur gegen Dritte, nicht aber gegen denjenigen, den er ſelbſt zuvor des Beſitzes entſetzt hat (§ 347 a. b. G.B.); letzterer kann daher die Einwendung des vitioſen Beſitzes erheben, wodurch der Beſitzprozeß beſchränkte Duplicität erhält (vgl. auch § 457 C.P.O., wo Erörterungen über die Echtheit des Beſitzes nicht ausgeſchloſſen werden). Die Einwendung des vitioſen Beſitzes kann ſelbſt= verſtändlich auch mittelſt Widerklage geltend gemacht werden. Für die Beweisführung im Beſitzprozeß gelten, insbeſondere auch was den Beweis des letzten ruhigen Beſitzſtandes anbelangt, die allgemeinen Grundſätze. Entweder wird Beſitz im Momente der Störung direkt z. B. durch den Nachweis beſtehender Gewahrſame dargethan, oder es muß, falls ein Gewaltverhältnis für dieſen Zeitpunkt nicht nachgewieſen werden kann, der in einem früheren Zeitpunkt erfolgte Beſitzerwerb bezw. das Vorhandenſein von Beſitz in früherer Zeit (olim possessor, hodie possessor) oder auch die Vornahme von Beſitzhandlungen durch Beſitz= vorgänger bewieſen werden (Pferſche, S. 198, Dernburg, I S. 356, Canſtein, S. 766, 772). Vorausſetzungen für den Sieg des Klägers iſt auf Seite des Beklagten entweder Beſitzentſetzung des Klägers oder Störung des klägeriſchen Beſitzes. Es iſt jedoch, was die Beſitzentſetzung anbelangt, nicht notwendig, daß Beklagter zur Zeit der Klage ſelbſt Beſitzer iſt, oder daß er es überhaupt durch die Entſetzung wurde. Wenn § 346 a. b. G.B. nur von der Klage gegen „jeden unechten Beſitzer" ſpricht, ſo hat er nur den gewöhnlichen Fall im Auge (Pferſche, S. 202). Gegen den (wenn auch von der Beſitzentziehung wiſſenden) Dritten iſt Beſitzklage (Spolienklage) nicht gegeben. Widerrechtlich iſt jede Beſitz= entziehung gegen den Willen des Beſitzers, auch wenn ſie ſich auf ein dingliches Recht an der Sache ſtützen ſollte; es müßte denn ſein, daß eine beſondere Berechtigung zur Beſitz= entziehung etwa in Form eines zur Beſitzübertragung verurteilenden rechtskräftigen Urteils

dem Dejicienten zur Seite stünde. **Objektives** Verschulden genügt, um die Besitz=
entsetzungsklage zu rechtfertigen (Pfersche, S. 202). Wenn § 345 a. b. G.B. die Unecht=
heit des Besitzes an bestimmte Formen der Verletzung des letzteren (gewaltsame, heimliche,
bittweise Erlangung der Sache) knüpft, so ist dies als gemeinrechtliche Reminiscenz nicht
aber als Beschränknng des possessorischen Schutzes auf die erwähnten drei Fälle der Besitz=
entsetzung anzusehen. Gegen jede unbefugte Besitzentsetzung wird Besitzschutz gewährt. Gegen
den Prekaristen ist mit erfolgtem Widerruf die Besitzentsetzungsklage noch nicht ohne weiteres
gegeben (a. M. Canstein, S. 773 Note 27); er kann auch aus bloßer Saumseligkeit
den Widerruf nicht beachten und dann ist die nach § 345 a. b. G.B. erforderliche Absicht,
das aus Gefälligkeit Gestattete in ein fortdauerndes Recht zu verwandeln, nicht vorhanden.
Ebenso verhält es sich mit der Besitzentziehungsklage gegen den Usufruktuar und Kommo=
dator, sofern diese nicht rechtzeitig restituieren. Das bloße Negativum der Nichtaufgabe
des Rechtsbesitzes seitens der letzteren im Zeitpunkte, da der Rechtsbesitz ordnungsmäßig
endigen sollte, rechtfertigt die Besitzentsetzungsklage noch nicht; dazu gehört noch Sachbesitz=
anmaßung seitens des bisherigen Rechtsbesitzers, sei es für sich selbst oder namens eines
Dritten (Ofner, S. 40). Analoges gilt von dem die Sache nicht herausgebenden Depositar.
Ihm sowie dem Kommobatar gegenüber konkurriert somit unter Umständen die Kontrakts=
und Besitzentsetzungsklage (eventuell auch noch eine Deliktsklage). Gegen den befriedigten
Pfandgläubiger steht dagegen nur die actio pigneraticia directa zu, denn dem Pfandgeber
ist behufs Rückerlangung des Pfandes in § 469 a. b. G.B. ein besonderes Mittel gewährt,
dessen Nichtgebrauch den possessorischen Schutz wohl ausschließt. Dem Mieter und Pächter
gegenüber ist der Sachbesitzer ausschließlich auf den ihm durch § 567 C.P.O. eröffneten
Weg angewiesen (Canstein S. 777; a. M. Randa, § 7c; vgl. auch Burckhard,
S. 72 ff.). Gegen den Finder (desgleichen denjenigen, dem fremde Tiere zulaufen, zufliegen,
dem Sachen zukommen, die für andere bestimmt sind) steht Besitzschutz nur insoweit zu, als
er sich selbst Besitz an der betreffenden Sache anmaßt und hiedurch den Verlustträger des
Besitzes entsetzt. Daß Verlustträger seine verlorene Sache bei einem Dritten antrifft, ist
ein Beweis dafür, daß die Hoffnung, sie wiederzuerhalten, wenigstens objektiv noch vor=
handen war, ihm somit der Besitz nach § 352 a. b. G.B. erhalten geblieben (Canstein,
S. 776, Note 28; a. M. Randa, § 7c, Burckhard, S. 71). Die Besitzentsetzungs=
klage ist nicht nur gegen den beauftragten Dejicienten sondern auch gegen den Auftraggeber
anstellbar und kann auch zugleich gegen Beide gerichtet werden. Sie ist zulässig auch gegen
den Dritten, der den Detentor bewogen hat, die Sache nunmehr in seinem (des Ersteren)
Namen innezuhaben. Wird in diesem Fall der Detentor beklagt, so steht diesem, da er
selbst widerrechtlich handelte, nominatio auctoris nicht zu (Pfersche, S. 203, Note 10,
Ofner, S. 41; a. A. Randa, § 7d). Die Besitzentsetzungsklage geht auf „Zurücksetzung in die
vorige Lage" (§ 346 a. b. G.B.), d. i. Rückstellung des entzogenen Besitzes. Die Frage des
Schadenersatzes (wozu auch die Restitution entzogener Früchte gehört: a. A. Canstein,
S. 782) ist zum Possessorium sumariissimum grundsätzlich ausgeschlossen (§ 457 C.P.O.),
daher in besonderem Prozesse zu erheben. Die Besitzstörungsklage (i. e. S.) setzt auf Seite
des Beklagten eine widerrechtliche Beeinträchtigung des klägerischen Sach= oder Rechtsbesitzes,
welche jedoch nicht bis zur Besitzentziehung gediehen ist, voraus. Die Form solcher Störungen
des Besitzes ist gleichgültig. Auch gegen vorübergehende, einmalige Störungen wird Besitz=
schutz gewährt, sofern Wiederholung nur möglich, wenn auch nicht zu befürchten ist (a. M.
Dernburg, I S. 358); es müßte denn Störer unter einem gewissen Zwange gehandelt
haben (z. B. verirrte Spaziergänger gehen, um auf die Straße zu gelangen, durch ein
fremdes Gehöft). Nicht erforderlich ist, daß die Störungshandlung dem Störer selbst Besitz
verschafft oder wenigstens den gegnerischen Besitz aufgehoben haben muß (a. A. Krainz, I,
S. 510). In den meisten Fällen besteht die Besitzstörungshandlung in einem positiven
gewaltsamen Thun. Die Ruhe des Besitzes kann jedoch auch schon durch Drohungen, durch
Verbote, durch Behauptung eignen Besitzes, überhaupt durch turbatio verbis gestört werden
und bedarf auch hier des Schutzes. Jedoch konkurriert in diesen Fällen mit der Besitz=
störungsklage die auf Konstatierung des klägerischen Besitzes gerichtete (sog. positive) Fest=
stellungsklage, welche letztere nicht den Beweis bestimmter Störungsfakta verlangt, sondern

nur das allgemeine Erfordernis rechtlichen Interesses an der Feststellung (§ 228 C.P.O.). Positive und physische Eingriffe in eine fremde Besitzsphäre sind bisweilen so unbedeutend, daß sie als Besitzstörung nicht erscheinen; als Maßstab kann dienen, was der Besitzer auf Bitte offenbar gestattet hätte (Pfersche, S. 206, 207). Durch Unterlassungen kann der Besitz insofern gestört werden, als die schädliche Wirkung gewisser störender Handlungen auf den Besitz Dritter nicht gehindert wird (Dernburg, I, S. 357, Pfersche S. 208, Randa, § 7b). Das bloße Hinüberwachsenlassen von Wurzeln und Ästen in das Grundstück des Nachbars bezw. dessen Luftraum bildet jedoch keine Besitzstörung, wie sich auch aus § 422 a. b. G.B. ergiebt (a. A. für das preuß. L. R. Dernburg, a. a. O.). Auch für die Besitzstörungsklage genügt objektive Widerrechtlichkeit der Störungshandlung; Irrtum etwa über die Grenzen von Grundstücken beseitigt nicht die Verantwortlichkeit. Besitzschutz findet auch statt zu Gunsten des Sachbesitzers gegenüber Übergriffen des Rechtsbesitzers. Von bloßen Übergriffen ist jedoch die Anmaßung selbständiger Rechte zu unterscheiden, gegen welche mit negatorischer Klage aufzutreten wäre (z. B. der Servitutenbesitzer beginnt den ihm gestatteten Fußweg zu befahren). Selbstverständlich genießt auch der Rechtsbesitzer gegen Störungen des Sachbesitzers possessorischen Schutz. Die Besitzstörungsklage ist gegen den beauftragten Störer wie gegen den Mandanten gegeben; gegen ersteren auch, wenn er bloßes Werkzeug war und von ihm die Wiederherstellung des früheren Zustandes nicht erlangbar ist (Pfersche, S. 213). Andernfalls könnte, wenn Mandant nicht erreichbar oder nicht eruierbar ist, auf die Besitzstörung überhaupt nicht reagiert werden. Der Umfang des dem Störer erteilten Mandates ist gleichgültig; Besitzstörung durch den Generalbevollmächtigten berechtigt stets zur Klage gegen den Prinzipal. Dem Mandatsverhältnis steht gleich die nachträgliche, ausdrückliche oder stillschweigende Genehmigung der Störung (Pfersche, S. 214).

Über die Besitzentsetzungs= und Besitzstörungsklage, für welche ausschließlich die Bezirksgerichte zuständig sind (§ 49 Z. 4 der Jurisdiktionsnorm) wird in den Formen der einzelrichterlichen Prozedur (§§ 431 ff. C.P.O.) jedoch mit Anwendung der für das Possessorium summariissimum besonders erlassenen Vorschriften der §§ 454 bis 460 C.P.O. verfahren. Diese letzteren haben einerseits die Raschheit des Verfahrens (§§ 455, 459), sowie die Einschränkung des Verhandlungs= und Entscheidungsgebietes auf die eigentliche Besitzfrage (§ 457) zum Gegenstand; andererseits gestatten sie dem Richter bereits für die Dauer des Prozesses einstweilige Verfügungen (§ 458) und schließen das Beweismittel der eidlichen Parteivernehmung aus (§ 459 Abs. 2). Die Entscheidung erfolgt nicht in Urteils=, sondern in Beschlußform und ist nur durch Rekurs anfechtbar (§§ 459, 460).

Selbständiger Besitzschutz wird nur im Possessorium summariissimum, also nur insofern gewährt, als es sich um „Schutz und Wiederherstellung des letzten Besitzstandes" handelt und die dreißigtägige Frist eingehalten ist; insofern ist das Possessorium summariissimum des österr. R. zugleich Possessorium ordinarium (Randa, § 7 d, Canstein, S. 811 ff., Krainz, I. S. 520, Note 1, Pfersche, S. 87 ff; a. M. Menger, Civilprozeß, S. 68, Burckhard, S. 87 ff.) Jenseits des Possessorium summariissimum sind nur noch petitorische Klagen, insbesondere die Klage „aus dem rechtlich vermuteten Eigentum" (Publiciana), zulässig.

Das a. b. G.B. spricht in den §§ 340 bis 343 von einigen besonderen Besitzstörungsfällen und gewährt in denselben auch besondere Rechtsmittel, so das Bauverbot (§ 340) und den Anspruch auf cautio damni infecti (§ 343). Wenn nun auch diesen Rechtsmitteln das Possessorium summariissimum offen steht ((§§ 456 und 459 C.P.O.), so können sie dennoch als Besitzstörungsklagen nicht angesehen werden, da der Begriff der Störung auf sie nicht paßt (Pfersche, S. 90, 208; a. A. Canstein, S. 761, 769). Es greifen vielmehr nachbarrechtliche Gesichtspunkte ein (s. unten in der Lehre vom Eigentum).

VII. **Rechtsbesitz.** Über den Begriff des Rechtsbesitzes und die Frage, welche Rechte Gegenstand des Besitzes sein können, s. oben unter II. Für den Rechtsbesitz und dessen Schutz gelten analog die Rechte des Sachbesitzes. Besonders zu betrachten ist nur Erwerb und Verlust des Rechtsbesitzes. Das a. b. G.B. enthält über den Erwerb des Rechtsbesitzes in § 312 die allgemeine Bemerkung, daß man in den Besitz von Rechten durch den Gebrauch derselben im eigenen Namen komme. Maßgebend ist somit das eigene Interesse an der Rechtsausübung (Zeiller, II. S. 44), weiters die Absicht, ein Recht auszuüben, also nicht nur die vorübergehende Gefälligkeit eines Andern entgegenzunehmen. Was „Gebrauch" eines Rechtes ist, sagt § 313 a. b. G.B. Hiernach ist zwischen bejahenden (affirmativen), verneinenden (negativen) und Verbots- (Untersagungsrechten) zu unterscheiden. Allen gemeinsam ist, daß zur Erwerbung des Besitzes ihrer ein solches Verhalten des (angeblich oder wirklich) Verpflichteten erforderlich ist, welches für den (angeblich oder wirklich) Berechtigten die Aussicht auf weitere Rechtsausübung begründet. Man erwirbt demnach den Besitz eines bejahenden (d. h. auf positive Leistung gerichteten) Rechtes dadurch, daß jemand etwas, was von ihm als Schuldigkeit gefordert wird, auch als solche leistet, sofern eben diese einmalige Leistung eine Anwartschaft auf spätere gleiche oder verwandte, regelmäßig oder unregelmäßig wiederkehrende Leistungen eröffnet (Dernburg, I. S. 363). Vorausgesetzt sind dabei bejahende Rechte, welche sich nicht in einmaliger Ausübung erschöpfen (Zeiller, II. S. 45, 46), vor allem Reallastberechtigungen. Trotz dem Wortlaute des § 313 ist besonderes „Fordern" der Leistung nicht nötig; es genügt Empfangnahme der Leistung als einer geschuldeten. Ebenso bedarf das Leisten als Schuldigkeit keiner ausdrücklichen Erklärung. Der wirklichen Leistung steht Kompensation mit einer Gegenschuld und auch Erlaß gleich, nicht aber bloße Anerkennung der Leistungspflicht, wenn auch in der Form eines angenommenen Leistungsversprechens. Speciell zum Erwerb des Reallastbesitzes ist erforderlich, daß mit der Leistung einer Reallastverpflichtung genügt werden wollte; der Leistende muß somit Eigentümer des (vorgeblich oder wirklich) belasteten Grundstückes sein (Dernburg, I. S. 363). Besitz an einem verneinenden, auf Duldung gerichteten Rechte (z. B. einer affirmativen Servitut) erwirbt man durch eine solche Benutzung einer fremden Sache, welche von der einen Seite als Recht gefordert, von der anderen als solches geduldet wird. Über Gestattung desjenigen, dem die Sache gehört, ist nicht ausdrückliche oder stillschweigende Zustimmung, sondern jedes absichtliche Nichtreagieren auf den Eingriff zu verstehen. Ja eine solche Gestattung ist sogar anzunehmen, wenn der Eigentümer bezw. Besitzer der Sache sich um diese und die Eingriffe gar nicht kümmert (Burckhard, S. 110) und auch dann, wenn Eigentümer bezw. Besitzer von der offenkundigen und fehlerlosen (nec vi nec clam nec precario) Ausübung einer Servitut zufälligerweise (z. B. zufolge Nachlässigkeit ihrer Organe) gar nichts erfahren hat (Pferche, S. 239); desgleichen wenn er es bei den trotz Widerspruch fortgesetzten Eingriffen bewenden läßt, ohne den Schutz des Gerichtes anzurufen (Krainz, I. S. 505, Note 7). Der Besitz von Rechten, welche mit unbeweglichen Sachen verknüpft sind (z. B. Realservituten) wird zugleich mit dem Besitz der bezüglichen Immobilien erworben; desgleichen der Besitz von Personalservituten zugleich mit der Besitznahme der dienenden Sache, ohne daß es außerdem noch eines Ausübungsaktes bedürfte. Der Besitz von Servituten, welche ständige Vorrichtungen auf fremdem Grund voraussetzen (z. B. die servitus oneris ferendi) wird durch die Herstellung der fraglichen Vorrichtung erworben und zwar auch dann, wenn die Vorrichtung allein den Inhalt der Servitut nicht erschöpft, sondern hiezu noch gewisse Handlungen gehören (z. B. die Servitut einer zeitlich unterbrochenen Wasserleitung). Die Herstellung der Röhrenleitung auf fremdem Grunde genügt in diesem letzterem Falle zum Erwerb des Servitutenbesitzes (Burckhard, S. 111; a. M. Randa, § 27). Was endlich die auf Unterlassung gerichteten Verbots- (Untersagungs-) Rechte, z. B. negative Servituten, Bannrechte, sog. Individualrechte, anbelangt, so wird der Besitz derselben dadurch erworben, daß der zur Rechtsausübung Berechtigte die beabsichtigte Rechtsausübung auf Verbot eines Anderen unterläßt (§§ 313, 1459 a. b. G.B.). Thatsächliche Verhinderung steht dem Verbote gleich. Auch durch ausdrückliche Einräumung kann Besitz eines Untersagungsrechtes erworben werden, vorausgesetzt, daß nicht gleichzeitig dem Untersagungsrechte entgegengehandelt wird (Dernburg, I. S. 365, Note 11). — Verlust des Rechtsbesitzes tritt in der Regel mit der bloßen Nichtausübung des Rechtes nicht ein (§ 351 a. b.G.B.). Ausgenommen werden vom Gesetz die „Verjährungsfälle", was der Auffassung der

Redaktoren, daß die Verjährung ein allgemeiner Erlöschungsgrund der Rechte, somit auch des Besitzes, sei, entspricht (Randa, § 34, Note 3; a. M. Burckhard, S. 119). Es gehört dazu ein positives Sichauflehnen des Verpflichteten gegen seine angebliche oder wirkliche Verpflichtung und außerdem seitens des Rechtsbesitzers ein Dabeibewendenlassen. Bloßes Nichtleisten, etwa aus Saumseligkeit oder Versehen, genügt nicht. Ebensowenig kann der Rechtsbesitz clam oder precario entzogen werden. Die Kenntnis des Rechtsbesitzers von der ablehnenden Haltung des Verpflichteten ist jedoch zum Verlust des Rechtsbesitzes dann nicht nötig, wenn lediglich die Nachlässigkeit des ersteren der Grund mangelnder Kenntnis ist (Burckhard, S. 118). Im übrigen ist auch für die Frage des Rechtsbesitzverlustes zwischen bejahenden, verneinenden und Verbotsrechten zu unterscheiden (§ 351 a. b. G.B.). Der Besitz von Rechten, welche auf Leistung gerichtet sind, geht durch Verweigerung der letzteren, sei es eine thatsächliche oder ausdrücklich erklärte, der Besitz an Rechten auf Duldung durch nunmehrige thatsächliche oder wörtliche Widersetzung gegen die Rechtsausübung, der Besitz an Verbotsrechten durch Nichtmehreinhaltung des Verbotes verloren. Zugleich stellt § 351 für alle drei Fälle das negative Erfordernis der Nichtanstellung der Besitzentsetzungsklage (Besitzstörungsklage: Randa) seitens des beeinträchtigten Rechtsbesitzers auf. Wird somit nicht binnen dreißig Tagen a tempore scientiae possessorisch (a. M. Burckhard, S. 116) geklagt und ein günstiges Erkenntnis erzielt, so ist der Rechtsbesitz verloren (die Entscheidung des obersten G.H. Slg. Nr. 7120 bezieht sich auf einen Sachbesitzfall und erscheint als eine aus Billigkeitsgründen erfolgte Korrektur der unrichtigen Entscheidung der Besitzfrage im Vorprozeß. A. M. vermutlich v. Schey, welcher die citierte Entscheidung zu § 351 a. b. G.B. stellt, s. Manz'sche Ausgabe des a. b. G.B.). Erwirkt der Rechtsbesitzer ein seinen Besitz konstatierendes Erkenntnis, so gilt der Rechtsbesitz als ununterbrochen, was für die seinerzeitige Ersitzung des Rechtes von Bedeutung ist. Übrigens kann der Besitz von Rechten auf Duldung im Notfalle (§ 344 a. b. GB.) auch durch Selbsthilfe erhalten werden (z. B. durch Entfernung eines den Viehtrieb hindernden und zu diesem Zwecke aufgerichteten Zaunes). Er geht desgleichen nicht verloren, wenn der Rechtsbesitzer trotz Widerstreben des Gegners die Ausübung seines Rechtes auf Duldung nicht einstellt. Dagegen kann der Rechtsbesitz das Recht selbst, falls dies verjährt wäre, nicht überdauern (Pfersche, S. 244).

Das Eigentumsrecht.

I. Begriff, Subjekt und Objekt. Eigentumsrecht ist das auf vollständige und ausschließliche Beherrschung einer Sache veranlagte, wenn auch praktisch manchen privat- und verwaltungsrechtlichen Beschränkungen unterworfene, möglicherweise durch Rechte Dritter ganz zurückgedrängte Recht (Randa, Eigentum, S. 1 ff., Pfersche, Sachenrecht I, S. 31, Dernburg, I, S. 413). Durch Wegfall der beschränkenden Rechte erweitert es sich selbst wieder zu vollständiger Herrschaft über die Sache; für seine Freiheit streitet daher auch die Vermutung (§ 324 a. b. G.B.). Das a. b. G.B. sucht der Doktrin seiner Entstehungszeit entsprechend, dem Begriffe des Eigentums durch Auflösung desselben in die einzelnen Eigentumsbefugnisse beizukommen. So zeigt § 354 die alte Einteilung der Eigentumsbefugnisse in Proprietäts- und Nutzungsrechte (Zeiller, II, S. 122) und § 362 unternimmt sogar eine Aufzählung der wichtigsten derselben. Nicht minder verfehlt ist es, wenn das a. b. G.B. auch unkörperliche Sachen (Rechte) Gegenstand des Eigentumsrechtes sein läßt (§ 353, dazu Zeiller, II, S. 108 ff.; vgl. auch § 1424 a. b. G.B.). Trotzdem hebt sich auch im österr. R. das Eigentum an körperlichen Sachen als Eigentum im engern und eigentlichen Sinne ab (Dernburg, S. 415), wie sich schon aus der nur für das Eigentum an körperlichen Sachen passenden Definition des § 354 ergiebt (a. A. Randa, S. 8, welcher meint, es könne aus § 353 nicht gefolgert werden, daß das a. b. G.B. Eigentum an Rechten anerkenne; s. jedoch Zeiller a. a. O.; Krainz, I, S. 536). Im ganzen genommen greift daher das a. b. G.B. auf den römischen Eigentumsbegriff zurück. Aus dem gemeinen Recht hat es den Begriff des geteilten Eigentums übernommen (§ 357). Demselben liegt der (unrömische) Gedanke zu Grunde, daß die das Eigentumsrecht bildenden Befugnisse derart auf zwei Personen verteilt sind, daß der einen „das Recht auf die Substanz der Sache" (Obereigentum), der andern „nebst einem Rechte auf die Substanz das ausschließende Recht auf derselben Nutzungen" (Nutzungseigentum) zusteht. Den Begriff des geteilten Eigentums wendet das a. b. G.B. an für die Rechtsverhältnisse an Lehens=, Erbpacht=, Erbzins=, Bodenzins= und Fideikommißgütern (§§ 359, 1122, 1123, 1125, 629 a. b. G.B.). Praktische Bedeutung hat das Institut nur noch in seiner Anwendung auf Fideikommißgüter; die andern Fälle geteilten Eigentums sind durch die Gesetzgebung beseitigt (vgl. Randa, S. 16). Das Eigentum an Fideikommißgütern ist geteilt zwischen allen Anwärtern, welchen das Obereigentum allein, und dem jeweiligen Fideikommißinhaber, welchem auch das Nutzungseigentum zusteht (§ 629 a. b. G.B.). Indes ist auch in diesem letzteren Falle die Annahme eines geteilten Eigentums verfehlt; vielmehr ist der Fideikommißinhaber beschränkter Eigentümer, während der Familie ein besonders geschütztes Anwartschaftsrecht zusteht (Randa, S. 20, Ofner, Sachenrecht, S. 52; a. M. Dernburg, S. 419) Die nähere Darstellung der Rechtsverhältnisse an Fideikommißgütern gehört in das Erbrecht (a. M. Krainz, welcher die ganze Lehre vom Familienfideikommiß unter der Rubrik: „Beschränkungen des Eigentums" abhandelt).

Subjekt des Eigentumsrechtes kann jedermann sein, den das Gesetz nicht ausdrücklich davon ausschließt (§ 355). Für die Eigentumsfähigkeit ist in § 356 eine besondere Vermutung aufgestellt. Von dem allgemeinen Grundsatz der Eigentumsfähigkeit bestehen Ausnahmen in zweifacher Richtung. Erstens giebt es Personen, die von einem bestimmten Zeitpunkte an Eigentum nicht mehr erwerben können, ohne jedoch aufzuhören, Eigentümer des bis dahin Erworbenen zu sein: Ordensgeistliche, welche das feierliche Gelübde der Armut abgelegt haben und Deserteure vom Tage ihrer Entweichung an (die einschlägigen Gesetze s. bei Manz=Schey zu § 356). Zweitens giebt es Personen (Ausländer), welche nicht Eigentümer von unbeweglichen Sachen, die sich in Österreich befinden, sein können (z. B. Montenegriner; s. Manz=Schey a. a. O.). Die früheren Beschränkungen der Juden hinsichtlich des Erwerbes von Grundeigentum sind durch das Staatsgrundgesetz vom Jahre 1867 aufgehoben.

Objekte des Eigentumsrechtes können principiell alle Sachen sein (§ 355 a. b. G.B.); dafür, daß sie es sind, stellt das Gesetz sogar eine besondere Vermutung auf (§ 356 a. b. G.B.). Sachen, die dem Privatrecht gänzlich entrückt sind (res extra commercium im römisch= rechtlichen Sinn) kennt das österr. R. nicht. Die Verkehrsunfähigkeit des österr. R. besteht lediglich in verschiedenen Beschränkungen des privatrechtlichen Verkehrs (Pfersche, S. 45). Zunächst giebt es Sachen, die vermöge ihrer natürlichen Beschaffenheit menschlicher Beherrschung unzugänglich sind (die res omnium communes der Römer), so die Luft, das fließende Wasser (samt den etwa darin treibenden Eisschollen), die Meereswogen und das Meer selbst (nach Randa, S. 38 auch die Grundwässer). Dagegen bildet nach § 297 a. b. G.B. der senkrecht über dem Grunde befindliche Lichtraum ein „Zugehör" des ersteren und gehört insofern dem Eigentümer des Grundes, als dieser dessen Benutzung durch Dritte untersagen kann (Randa, S. 39, Nr. 6). Analog verhält es sich mit dem Untergrund des Grundstückes. Die bezüglichen Untersagungsrechte des Grundeigentümers sind jedoch durch dessen praktisches Bedürfnis begrenzt (a. M. Krainz, I, S. 537): so kann der Grundeigentümer dem Luftschiffer den Eintritt in seine Luftsäule und auch das Auswerfen von Ballast nicht verbieten; desgleichen muß er sich die Anlage eines Tunnels in entsprechender Tiefe unter seinem Grundstücke gefallen lassen. Kein Gegenstand vermögensrechtlicher Herrschaft ist der lebende Mensch (§§ 16, 285 a. b. G.B.); wohl aber werden abgetrennte Körperteile desselben verkehrsfähig (z. B. Kopfhaare, amputierte Gliedmaßen; vgl. Dernburg, S. 136, Nr. 1). Letzteres gilt insbesondere auch vom menschlichen Skelett. Desgleichen wird der menschliche Leichnam zur verkehrsfähigen Sache, sofern er ausnahmsweise seiner Bestimmung bestattet zu werden, nicht unterliegt (Pfersche, S. 46, Dernburg, a. a. O.; a. M. Randa, S. 39, Schiffner, § 67). Das Eigentumsrecht von Privatpersonen ist aus=

geschlossen an militärischen Montur- und Rüstungsstücken; sie verfallen der Konfiskation. Das Gleiche gilt von auswärtigen Lotterielosen. An andere Sachen wieder kann Eigentum nur mit behördlicher Bewilligung erworben werden: verbotene Waffen- und Munitionsgegenstände, Sprengstoffe. Gewisse Sachen können nicht Gegenstand der Veräußerung (Beschlagnahme in Konkurs- und Verlassenschaftsfällen) sein: Kreuzpartikeln und Reliquien (die auf alle diese Ausnahmen bezüglichen Vorschriften s. bei Manz-Schey zu § 356). Eine besondere Stellung nahmen jene gewöhnlich im Staats- oder Gemeinde- ausnahmsweise auch im Privateigentum (z. B. Durchhäuser) stehenden Sachen ein, welche dem Gemeingebrauche gewidmet sind (quae in communi usu habentur). Sie werden daher öffentliche Sachen genannt. Dazu gehören Straßen, Plätze, Gärten. Über die besonderen Rechtsverhältnisse an öffentlichen Gewässern s. unten. Das a. b. G.B. bezeichnet die im Eigentum des Staates stehenden, dem Gemeingebrauch gewidmeten Sachen als „allgemeines oder öffentliches Gut" und stellt diesem das Staatsvermögen gegenüber. Das Eigentumsrecht des Staates ist diesem letzteren gegenüber ein unbeschränktes, gegenüber dem ersteren ein durch den Gemeingebrauch beschränktes. Die Erwerbung von Privatrechten seitens dritter Personen an Gegenständen des Staatsgutes ist daher nur insofern möglich, als diese Rechte mit der Ausübung des Gemeingebrauches verträglich sind (z. B. Einräumung des Rechtes, auf einer öffentlichen Straße behufs Trammaybetriebes Schienen zu legen). Nicht möglich wäre daher auch die Ersitzung des Eigentums an einer solchen Sache seitens einer dritten Person (Dernburg, S. 138). Daß der Staat wirklicher Eigentümer des Staatsgutes ist (nicht nur im Sinn eines ihm zustehenden „Hoheitsrechtes"), zeigt sich daran, daß ihm gewisse Nutzungen, welche das öffentliche Gut abwirft (z. B. der Obstbezug von den Bäumen eines öffentlichen Gartens) zufallen. Analog der Einteilung in Staatsgut und Staatsvermögen spricht § 288 von Gemeindegut und Gemeindevermögen. Öffentliche Sachen sind insbesondere auch öffentliche Kirchen, Friedhöfe und Schulen, Bibliotheken und Sammlungen. Nicht maßgebend ist, daß solche Anstalten bisweilen nicht Jedermann, sondern nur gewissen Personenkreisen offenstehen (Schiffner, § 67; etwas abweichend Randa, S. 50 ff.). Sobald öffentliche, dem Gemeingebrauch gewidmete Sachen dieser Bestimmung in rechtsgültiger Weise wieder entzogen werden, konsolidiert sich das Eigentumsrecht an denselben zu einem unbeschränkten. Von der öffentlichen Sache ist die herrenlose („freistehende") zu unterscheiden (§ 287 erster Satz).

Eigentum an Gewässern. Nach § 287 a. b. G.B. sind Ströme und Flüsse öffentliches Gut, stehen daher im Eigentum des Staates. Da an dieser Stelle andere fließende Gewässer nicht genannt sind, so könnte man meinen, daß das a. b. G.B. alle fließenden Gewässer als öffentliches Gut ansehe. Er ergiebt sich jedoch aus § 854 a. b. G.B., wo von „Privatbächen" die Rede ist, weiters aus § 407 a. b. G.B., endlich aus der geschichtlichen Entwickelung des österr. Wasserrechtes (Schiffner, § 67, Nr. 16a, Randa, S. 69 ff.), daß unter den Strömen und Flüssen des § 287 schiffbare zu verstehen sind. Hieran knüpft die spätere österr. Wasserrechtsgesetzgebung an (Reichswassergesetz vom 30. Mai 1869 Nr. 93 R.G.B. und die auf Grund desselben erlassenen Landeswassergesetze; letztere stimmen untereinander im wesentlichen überein, s. dieselben bei Manz, Band 23). Darnach sind öffentliches Gut 1. Flüsse und Ströme, von der Stelle an, wo sie schiff- oder flößbar werden, samt ihren Seitenarmen (welche von den selbständig zu beurteilenden Nebenflüssen zu unterscheiden sind: Randa, S. 73). Die Schiff- bezw. Flößbarkeit genügt nicht; vielmehr mußte der Fluß zur Zeit des Erlasses des Reichswassergesetzes thatsächlich zur Schiffahrt oder Flößerei benutzt worden sein. War letzteres nicht der Fall, so kann der Staat den schiff- oder flößbaren Fluß im Wege der Expropriation zu öffentlichem Gut machen (§ 6 R.W.G.). Öffentliches Gut sind 2. alle übrigen Gewässer, als sie nicht kraft Gesetzes oder besonderer Privatrechtstitel jemandem gehören (§ 3 R.W.G.). Ist Jemand im Besitz eines Rechtes an einem Gewässer, so gilt auch für ihn die Vermutung des § 323 a. b. G.B. (Krainz, I, S. 224, Nr. 27). Kraft Gesetzes sind Privatgewässer, welche dem Grundbesitzer gehören a) das in seinem Grundstücke enthaltene unterirdische und aus demselben zu Tage quellende Wasser (auch Mineralquellen) mit Ausnahme der Salzquellen und Cementwässer; b) die sich auf seinem Grundstück aus atmosphärischen Niederschlägen ansammelnden Wässer; c) das in Brunnen, Teichen, Cisternen oder anderen auf Grund und Boden des Grundbesitzers befindlichen Behältern oder in von demselben zu seinen Privatzwecken angelegten Kanälen, Röhren ꝛc. eingeschlossene Wasser; d) die Abflüsse aus den vorgenannten Gewässern, so lange sich erstere in ein fremdes Privat- oder in ein öffentliches Gewässer nicht ergossen und das Eigentum des Grundbesitzers nicht verlassen haben (§ 4 R.W.G.). Nicht erwähnt werden vom Gesetz die sog. Grundwässer, bezüglich welcher offenbar jedem Grundeigentümer auf seinem Grunde das Zueignungsrecht zusteht (Randa, S. 78; a. M. Pferſche, S. 60). Kraft besonderen Privatrechtstitels kann ein Gewässer Privatgewässer sein z. B. auf Grund seiner Benutzung seit unvordenklicher Zeit. Privatgewässer sind durch § 5 R.W.G. als Pertinenz jener Grundstücke erklärt, über welche oder zwischen welchen sie fließen und zwar nach Maßgabe der Uferlänge eines jeden Grundstückes. Gehören die gegenüberliegenden Ufer eines fließenden Privatgewässers verschiedenen Eigentümern, so kommt die Benützung des vorüberfließenden Wassers beiden zur Hälfte zu (§ 14 R.W.G.). An öffentlichen Gewässern ist Gemeingebrauch insofern gestattet, als Schiffahrt und Flößerei mit Einhaltung der polizeilichen Vorschriften Jedermann freisteht. Nur Überfuhranstalten bedürfen behördlicher Genehmigung (§ 7 R.W.G.). Außerdem stehen Jedermann die sog. kleinen Wassernutzungen (Waschen, Baden, Tränken, Schwemmen, Schöpfen) frei, sofern sie ohne besondere Vorrichtungen vorgenommen werden und die gleiche Benützung durch Andere nicht ausschließen (§ 15 L.W.G.). Nicht minder ist die Gewinnung von Pflanzen, Schlamm, Erde, Sand, Schotter, Steinen und Eis ohne Gefährdung des Wasserlaufes und der Ufer desgleichen ohne Verletzung der Rechte Dritter gestattet (§ 15 L.W.G.) Dagegen bedarf jede andere, weitergehende Benützung der öffentlichen Gewässer, insbesondere die Errichtung dazu erforderlicher Anlagen, (Wasserwerke, insbesondere Triebwerke und Stauanlagen), welche die Beschaffenheit, den Lauf oder die Höhe des Wassers beeinflussen oder die Ufer gefährden, der vorherigen Bewilligung der politischen Behörde (§§ 16, 17 L.W.G., § 413 a. b. G.B.). Die in Bezug auf die Ableitung und Abwehr der Gewässer bestehenden Rechte und Pflichten der Ufereigentümer gehören in die Darstellung des Wasserrechtes. Vom Gemeingebrauche an öffentlichen Gewässern ist der Fischfang ausgeschlossen (Gesetz vom 25. April 1885 Nr. 58 R.G.B.). Was die Rechtsverhältnisse an Privatgewässern anbelangt, so muß zwischen fließenden und anderen unterschieden werden. Wenn auch die Benutzung ersterer zunächst dem Eigentümer zukommt, so bestehen andererseits für ihn ähnliche Beschränkungen, wie solchen die Benützung öffentlicher Flüsse unterworfen ist (Pferſche, S. 59). Insbesondere dürfen nicht die Rechte anderer Wasserberechtigter (durch Verunreinigung des Wassers, Rückstau, Überschwemmung, Versumpfung) verletzt werden (§ 10 R.W.G.). Auch darf nicht der natürliche Abfluß eines fließenden Gewässers zum Nachteil des unteren Grundstückes willkürlich verändert werden (§ 11 R.W.G.). Abgeleitetes Wasser ist, soweit es nicht verbraucht wird, innerhalb des Grundstückes wieder in das Bett zurückzuleiten (§ 12 R.W.G.). Die Errichtung der obgenannten Anlagen bedarf auch in fließenden Privatgewässern der vorherigen behördlichen Bewilligung (§§ 16, 17 R.W.G.). Benützt der Eigentümer das fließende Privatgewässer nicht, so kann dasselbe von der Verwaltungsbehörde (auch wenn die Voraussetzungen einer Expropriation nicht vorliegen) einem Andern, der es nutzbringend verwenden kann, gegen angemessene Entschädigung überlassen werden (§ 27 L.W.G.). Auch aus anderen Gründen (z. B. wegen Wassermangels) können Privatgewässer zeitweise oder dauernd herangezogen werden (§§ 34, 35, 36 L.W.G.). Die private Berechtigung an fließenden Gewässern stellt sich daher als stark abgeschwächtes Eigentumsrecht dar (Pferſche, S. 59, Nr. 14), zumal als die sog. kleinen Wassernutzungen auch an fließenden Privatgewässern Jedermann freistehen (§ 16 des böhmischen L.W.G., dessen Bestimmung der Natur der Sache entsprechend auch für die übrigen Länder gilt). Nicht fließende Privatgewässer können von ihren Eigentümern uneingeschränkt benutzt und verbraucht werden (§ 10 R.W.G.). Jedoch steht auch ihnen gegenüber Ortschaften und Gemeinden, deren Wasserbedarf nicht gedeckt ist, ein Enteignungsrecht zu (§ 16 R.W.G., wo von Privatgewässern im allgemeinen die Rede ist). Auch ein zeitweises Heranziehen stehender Privatgewässer ist bei Feuergefahr oder vorübergehender bringender Wassernot zulässig (§ 34 L.W.G.). Andererseits steht den Eigentümern von fließenden und stehenden Privatgewässern das Fischereirecht zu.

II. Beschränkungen des Eigentumsrechtes. Das Eigentumsrecht kann nicht nur durch entgegenstehende Rechte dritter Personen beschränkt sein; es unterliegt auch, insbesondere soweit es Grundstücke zum Gegenstande hat, im Interesse des öffentlichen Wohles sowie auch zu Gunsten des Grundstücksnachbarn, weitgehenden gesetzlichen Einschränkungen (§ 364 a. b. G. B.). Man pflegt diese gesetzlichen Beschränkungen mit dem wenig zutreffenden (Randa, S. 104, N. 6) Ausdrucke: Legalservituten zu bezeichnen, von denen man wieder jene, die im Interesse des Grundnachbaren bestehen, unter der Bezeichnung: Nachbarrecht zusammenfaßt. Aber nicht nur Beschränkungen auferlegt das Gesetz dem Eigentümer; es unterwirft ihn im Interesse anderer zudem noch verschiedenen positiven Verpflichtungen. Zu den wichtigeren gesetzlichen Einschränkungen des Eigentums im Interesse des öffentlichen Wohles gehören: 1. mehrfache Bestimmungen der Wasserrechtsgesetzgebung: die Verpflichtung der Uferbesitzer, das Landen und Befestigen von Schiffen und Flößen an den behördlich bestimmten Plätzen (im Notfalle an jedem geeigneten Platze), das Begehen der Ufer durch das Aufsichtspersonal, die sog. Leinpfade zu dulden (§§ 8 und 9 R.W.G.); weiter die bereits obgenannten Bestimmungen der §§ 10, 11 und 12 R.W.G. über die Beschränkungen in der Benutzung und Leitung von Privatgewässern, endlich die Bestimmungen der §§ 20 bis 24 R.W.G. über die Bildung von Wassergenossenschaften mit Beitrittszwang für die Minderheit der Beteiligten. 2. Die nach dem Berggesetz den Grundeigentümer betreffende Verpflichtung gegen angemessene Schadloshaltung das Schürfen auf seinem Grunde zu gestatten. 3. Die nach dem Forstgesetz den Grundeigentümer treffende Verpflichtung, gegen Entschädigung Waldprodukte über seinen Grund bringen zu lassen, die entweder gar nicht oder nur mit unverhältnismäßigen Kosten aus dem Walde geschafft werden könnten. 4. Nach § 384 a. b. G.B. ist der Grundeigentümer verhalten, die Verfolgung von häuslichen Bienenschwärmen und anderen zahmen oder zahm gemachten Tieren gegen Schadenersatz zu gestatten. Analog ist dies auch auf den Fall auszudehnen, daß Gegenstände durch Elementarereignisse (Sturm, Überschwemmung) auf fremden Grund gelangen (Randa, S. 108). 5. Der Grundbesitzer muß, sofern er das Jagdrecht auf seinem Grund nach den Bestimmungen des Jagdgesetzes nicht selbst auszuüben berechtigt ist, die Ausübung durch den Jagdberechtigten dulden. 6. Nach dem Gesetz vom 7. Juli 1896 Nr. 140 R.G.B. muß der Grundbesitzer die gerichtliche Einräumung eines Notweges über sein Grundstück zu Gunsten eines anderen Grundstückes gegen angemessene Entschädigung dulden. Dem Wesen nach handelt es sich auch hier um eine gesetzliche Eigentumsbeschränkung, wenn das citierte Gesetz auch auf dem Expropriationsstandpunkte (zwangsweise Einräumung einer Servitut) steht (vgl. Menzel, Das Recht des Notweges, 1896). Als Legalservitut im Interesse des Nachbarrechtes erscheint die Verpflichtung des Eigentümers eines Baumes, dessen Wurzeln in den nachbarlichen Grund, bezw. dessen Äste in den nachbarlichen Luftraum reichen, das Ausreißen der Wurzeln, bezw. das Abschneiden der Äste oder die sonstige Benützung zu dulden (§ 422 a. b. G.B.). Schwierig und bestritten ist die nachbarrechtliche Frage, inwiefern der Grundeigentümer verpflichtet ist, solche Vorkehrungen auf seinem Grunde zu unterlassen, welche das Nachbargrundstück schädigen. Nach § 364 a. b. G.B. findet die Ausübung des Eigentumsrechtes nur insofern statt, als dadurch kein Eingriff in die Rechte eines Dritten erfolgt. Demgemäß versagt § 1305 a. b. G.B. einen Schadenersatzanspruch, falls der Nachteil nur durch den Gebrauch eines Rechtes innerhalb seiner rechtlichen Schranken entstand. Der Eigentümer ist daher jedenfalls zu allen solchen Vorkehrungen auf seinem Grunde berechtigt, die zu dessen regelmäßiger wirtschaftlicher Benützung gehören, gleichgültig, ob dadurch dem Nachbar Vorteile, die er bisher hatte, entzogen werden. Er darf daher dem Nachbarn Licht und Aussicht verbauen; er darf ihm durch die Anlage eines Brunnens das Quellwasser entziehen; er kann nicht verhindert werden, auf seinem Grunde eine Fabrik mit geräuschvollem Betrieb zu errichten, wenn dadurch auch der Wert der benachbarten Landhäuser wesentlich verliert. Unzulässig sind jedoch solche Eigentumshandlungen, welche zugleich eine Beschädigung oder direkte Gefährdung des Nachbargrundstückes bedeuten, wie z. B. die Abwehr von Gewässern in der Weise, daß sie sich auf das Nachbargrundstück ergießen, das Vertiefen des Grundstückes, so daß das Nachbargrundstück seine Stütze verliert (§ vgl. § 909 des deutschen B.G.), die Aufführung von Bauten, bezw. die Niederreißung solcher unter den Voraussetzungen der §§ 340 und 342. a. b. G.B. Muß sich der Nachbar auch **ungewöhnlich** belästigende oder schädigende Benutzungsarten eines Grundstückes gefallen lassen, z. B. die Immission schädlicher Stoffe durch Wasser oder Luft? Muß er sich weiter z. B. gefallen lassen, daß sein Wohnhaus durch die Thätigkeit starker auf dem Nachbargrundstücke arbeitender Motoren erschüttert und baufällig werde? Diese Fragen sind (mit Mages, Nachbarrecht, 1871, dem sich Pfaff, Unger, Steinbach anschließen; a. M. Randa, S. 113 ff.) zu verneinen. Denn Eigentumsausübungen, wie die obigen, sind als Eingriffe in die Eigentumsphäre eines anderen zu betrachten (§ 364); sie übersteigen die rechtlichen Schranken, von denen § 1305 spricht. Eine etwaige abweichende Auffassung bei den Redaktoren des a. b. G.B. (vgl. Randa, S. 130 f.) darf nicht abhalten, dem Gesetz den der Natur der Sache entsprechenden Sinn beizulegen. Auch solche Vorkehrungen des Eigentümers auf seinem Grundstück, welche **ausschließlich** den Zweck haben, die Nachbarn zu schädigen, ohne daß sie einem Interesse des Eigentümers dienen (z. B. Entzündung einer Quantität Schwefel, um die Rosenernte des Nachbarn zu vernichten), braucht sich der Nachbar nicht gefallen zu lassen; denn hier liegt nicht Gebrauch, sondern Mißbrauch eines Rechtes vor (§ 1305). Dagegen wird der Nachbar Vorkehrungen, die lediglich einen bisherigen Vorteil boshafter Weise beseitigen (z. B. Benehmen der Aussicht durch Aufstellung einer Bretterwand) nicht verhindern können (Mages a. a. O. S. 54 ff.; vgl. auch § 226 des deutschen B.G.B.: „Die Ausübung eines Rechtes ist unzulässig, wenn sie nur den Zweck haben kann, einem anderen Schaden zuzufügen"). Was die Geltendmachung der im öffentlichen Interesse bestehenden sog. Legalservituten anbelangt, so gehört dieselbe in der Mehrzahl der Fälle (s. oben Z. 1, 2, 3 und 5) zur Kompetenz der Administrativbehörde. Die Berechtigung aus nachbarrechtlichen Legalservituten kann regelmäßig mittelst Civilklage (a negatoria) geltend gemacht werden. Dieselbe geht auf Untersagung des Eingriffs, eventuell auf Schadenersatz (Mages, S. 50). Behördliche Genehmigung einer Anlage schließt Schadenersatzpflicht nicht aus (a. M. Randa, S. 124 ff.). Positive Verpflichtungen im Interesse Dritter obliegen dem Eigentümer in folgender Hinsicht: 1. ist der Eigentümer zur Ausbesserung oder Abtragung seines einsturzgefährlichen Stadthauses verpflichtet, widrigens dasselbe von der Behörde im Feilbietungswege zu veräußern ist (§ 387 a. b. G.B., Hfkzd. v. 1. Juli 1784 und die Bauordnungen). Eine Civilklage steht dem bedrohten Nachbarn hier wohl nicht zu; sein Interesse ist durch die Befugnis, jederzeit eine Anzeige an die Polizeibehörde zu machen, genügend gewahrt (Randa, S. 134; vgl. auch Zeiller, II. S. 91). 2. Der Eigentümer einer Mauer oder Planke ist dazu verpflichtet, dieselbe in gutem Stande zu erhalten, falls Löcher in derselben dem Nachbarn Schaden bringen würden (z. B. dadurch, daß das Vieh eindringen kann) § 858 a. b. G.B. 3. Der Eigentümer eines Gehöftes, Gartens u. s. w. ist verpflichtet, „auf der rechten Seite seines Haupteinganges für die **nötige** Einschließung seines Raumes und für die Abteilung von dem fremden Raume zu sorgen" (§ 850 a. b. G.B.). Diese Bestimmung gilt nur für Realitäten, welche einen Haupteingang haben und für welche die Einschließung nötig ist, also nicht für Felder und Wiesen (Randa, S. 135 ff.). Die den unter Z. 2 und 3 genannten Verpflichtungen entsprechenden Rechte sind mittelst Civilklage geltend zu machen. 4. Der Eigentümer eines einsturzdrohenden Baues oder einer andern so beschaffenen Sache (z. B. eines Baumes, einer Bildsäule) ist verpflichtet, dem dadurch bedrohten „Besitzer eines dinglichen Rechtes" (Eigentümer, Besitzer, Fruchtnießer, Pfandgläubiger, intabulierter Bestandnehmer; Zeiller, II. S. 92) auf dessen Verlangen Sicherstellung zu leisten (cautio damni infecti). Dieser Anspruch ist in possessorio summariissimo geltend zu machen (§ 459 C.P.O.). Die Stellung oder Nichtstellung des Kautionsbegehrens präjudiciert in keiner Weise der Schadenersatzfrage. Einige weitere, schon an der Grenze des Privatrechts stehende Fälle, in denen der Eigentümer mit Verpflichtungen beschwert ist, s. bei Randa, S. 141 ff.

2*

Enteignung. Sofern Gegenstand der Enteignung (Expropriation) die verschiedensten Privatrechte sind, gehört die Darstellung dieses Rechtsinstitutes in den allgemeinen Teil. Da andererseits jedoch die Eigentumsexpropriation den weitaus wichtigsten Enteignungsfall bildet, so ist von derselben auch in der Lehre vom Eigentum zu handeln. Die weitgehendste Beschränkung des Eigentumsrechtes liegt darin, daß sich der Eigentümer unter Umständen gefallen lassen muß, seines Eigentumsrechtes (von unbeweglichen oder beweglichen Sachen) gegen Entschädigung ganz entsetzt zu werden. Es kann jedoch auch eine bloße Beschränkung des Eigentums (z. B. durch Servitutenbestellung) erfolgen; diese Beschränkung kann entweder eine dauernde oder vorübergehende sein. Den allgemeinen Grundsatz, daß, „wenn es das allgemeine Beste erheischt, ein Mitglied des Staates gegen eine angemessene Schadloshaltung selbst das vollständige Eigentum einer Sache abtreten" muß, spricht der unter der Marginalrubrik: Beschränkungen der Rechte des Eigentümers stehende § 365 a. b. G.B. aus. Selbst das vollständige Eigentum muß abgetreten werden, daher unter Umständen auch weniger (z. B. nur ein vorübergehendes Nutzungsrecht). Zu eng ist es, wenn § 365 nur die Mitglieder des Staates als zur Duldung der Enteignung verpflichtet bezeichnet; diese Pflicht trifft jeden, dessen Sache innerhalb des Geltungsgebietes des a. b. G.B. liegt. Nicht berührt wurde die Bestimmung des § 365 durch Art. 5 des Staatsgrundgesetzes vom 21. Dezember 1867 Nr. 142 R.G.B. („Eine Enteignung gegen den Willen des Eigentümers kann nur in den Fällen und in der Art eintreten, welche das Gesetz bestimmt"); a. M. Grünhut, Enteignungsrecht (1873) S. 95. Wie nun das in § 365 a. b. G.B. allgemein aufgestellte Princip in den einzelnen Enteignungsfällen zur wirklichen Durchführung gelangt, darüber bestehen lediglich Specialgesetze (Manz-Schey, zu § 365 a. b. G.B.); ein einheitliches Enteignungsgesetz existiert nicht. Unter den Specialgesetzen ragt dasjenige vom 18. Februar 1878 Nr. 30 R.G.B., betreffend die Enteignung zum Zwecke der Herstellung und des Betriebes von Eisenbahnen hervor; es ist mit Rücksicht auf seine Bedeutung auch zu analoger Anwendung in anderen Enteignungsfällen heranzuziehen. Es gilt nicht nur für staatliche Eisenbahnunternehmungen, sondern auch für private, sofern dieselben gemeinnützig sind, insbesondere auch für gemeinnützige Tramways und Schleppbahnen, nicht aber für Bergwerksbahnen (§§ 1, 47 des Eisenbahnenteignungsgesetzes, künftig citiert: E.E.G.). Zu den wichtigsten sonstigen Enteignungsfällen gehören: die Enteignung zum Zweck des Straßenbaues, des Bergwerkbetriebes, die wasserrechtlichen Enteignungsfälle (§§ 6, 15, 16 R.W.G.). Als Fall der Enteignung beweglicher Sachen erscheint die Expropriation von Pferden im Mobilisierungsfall. Obwohl die Enteignung Staatsakt ist, so ist deshalb doch nicht der Staat in allen Fällen als Enteigner anzusehen, sondern nur dann, wenn er selbst Unternehmer ist; andernfalls verleiht er dem Unternehmer seine Hilfe zur Durchsetzung des Enteignungsanspruchs (a. M. Grünhut, a. a. O. S. 78 ff.). Letzterer ist daher auch der zur Schadloshaltung Verpflichtete (§ 4 E.E.G.). Daraus folgt weiter, daß auch der Staat, wenn er von der Enteignungsbefugnis Gebrauch macht, dem Ausspruch der kompetenten Administrativbehörde unterworfen ist. Enteigneter ist derjenige, „welchem der Gegenstand der Enteignung gehört, oder welchem an einem Gegenstande der Enteignung ein mit dem Eigentum eines Gegenstandes verbundenes dingliches Recht zusteht" (§ 4 E.E.G.), also der Eigentümer und der dinglich Realberechtigte, nicht aber sonstige dinglich Berechtigte (Fruchtnießer, Pfandgläubiger, intabulierte Bestandnehmer). Eigentümer und dinglich Realberechtigte sind daher auch in erster Linie zur Teilnahme am Enteignungsverfahren berufen, gegen sie ist das Enteignungserkenntnis zu fällen und ihnen ist die Entschädigung zuzusprechen (Randa, S. 164). Außerdem giebt es aber auch noch „mittelbar" Entschädigungsberechtigte („Nebenberechtigte"), welchen an der enteigneten Sache dingliche oder persönliche Nutzungs-(Gebrauchs-)Rechte zustehen. Diese Interessenten erhalten den Ersatz ihres Schadens nicht unmittelbar vom Enteigner, sondern vom entschädigten Enteigneten (§ 5, 25 E.E.G.). Solche mittelbar Ersatzberechtigte sind der Pfandgläubiger, der Servituten- und Reallastberechtigte, (der intabulierte und nichtintabulierte) Bestandnehmer und andere bloß obligatorisch Berechtigte. Von diesen werden die dinglich Berechtigten (insbesondere auch die Fruchtnießer und intabulierten Bestandnehmer) aus dem erlegten Entschädigungsbetrage und zwar nach den Vorschriften über die Meistbotsverteilung (§§ 209 ff. E.O.) befriedigt. Auch die Übernahme von Lasten seitens des Expropriierenden ist zulässig, soweit dies mit dem Expropriationszwecke vereinbar. Die übrigen mittelbar Berechtigten werden aus jenem Teil der Entschädigungssumme befriedigt, welcher vom Enteigner gem. § 5 E.E.G. noch außer dem Ersatz für den Gegenstand der Enteignung als Vergütung für solche Nachteile zu geben ist (vgl. auch § 25 Abs. 4 E.E.G.). Die Entschädigung hat nach § 365 a. b. G.B. eine „angemessene" zu sein, d. h. der Enteigner muß dem Enteigneten „für alle durch die Enteignung verursachten vermögensrechtlichen Nachteile Entschädigung leisten" (§ 4 E.E.G.); demgemäß ist der Entschädigung nicht der „ordentliche und gemeine Preis", sondern ein „außerordentliche Preis" (§ 305 a. b. G.B.) zu Grunde zu legen. Dieser außerordentliche Preis erstreckt sich jedoch niemals bis auf den Affektionswert (§ 7 E.E.G.). Wohl ist jedoch bei Ermittlung der Entschädigung auf die in § 5 E.E.G. genannten Entschädigungsansprüche (s. oben) Bedacht zu nehmen, desgleichen bei Enteignung eines Grundbesitzteiles auf die Verminderung des Wertes des zurückbleibenden Teiles (§ 6 E.E.G.). Da der Enteigner für alle vermögensrechtlichen Nachteile Ersatz zu leisten hat, so auch für etwa entgangenen Gewinn (Randa, S. 184 f.; a. M. Schiffner, S. 134, Z. 7). Keine Rücksicht ist jedoch auf solche Verhältnisse zu nehmen, „hinsichtlich deren erhellt, daß sie in der Absicht hervorgerufen wurden, um sie als Grundlage für die Erhöhung der Ansprüche auf Entschädigung zu benützen" (§ 7 E.E.G.). Die Entschädigung ist in barem Gelde zu leisten und zwar bei dauernder Enteignung durch Zahlung eines Kapitalsbetrages, bei vorübergehender Enteignung durch Zahlung einer Rente (§ 8 E.E.G.). Das Enteignungserkenntnis wird stets von der politischen Behörde geschöpft; der Civilrechtsweg ist hinsichtlich der Frage, welcher Gegenstand und in welchem Umfange derselbe zu enteignen ist, ausgeschlossen (§ 18 E.E.G.). Das Enteignungserkenntnis ist beim Verwaltungsgerichtshofe anfechtbar und zwar auch wegen materieller Unrichtigkeit (a. M. Pražák, Das Recht der Enteignung, 1877, S. 199 f.). Auch die Zwangsvollstreckung des Enteignungserkenntnisses steht ausschließlich der politischen Behörde zu (§ 35 E.E.G.). Die Feststellung der Entschädigungssumme ist, sofern nicht ein Vergleich zustande kommt, entweder von vornherein den Gerichten übertragen, so vor allem im Falle der Enteignung behufs Baues von Eisenbahnen (§ 22 E.E.G.)., oder der politischen Behörde, letzterenfalls mit Vorbehalt des Rechtsweges. Da die Enteignung mit der Rechtskraft des Enteignungserkenntnisses perfekt ist, der Enteignete somit in diesem Augenblicke sein Eigentum verliert, so muß zugleich auch Eigentumserwerb seitens des Enteigners eintreten, da doch nicht anzunehmen ist, daß die enteignete Sache eine Zeit lang in Niemandes Eigentum steht. Es hat jedoch der Enteignete bis zur Zahlung bezw. bis zum Erlage der Entschädigungssumme ein Retentionsrecht (Strohal, Eigentum an Immobilien, S. 132; a. M. Randa, S. 189, Schiffner, § 134, teilweise abweichend Krainz, S. 597).

Veräußerungsverbote. Die im Eigentumsrecht an und für sich enthaltene Veräußerungsbefugnis (§ 362 a. b. G.B.) kann im einzelnen Falle fehlen, ohne daß das Eigentum aufhört solches zu sein. Mit der Veräußerung sind dem Eigentümer auch jene Dispositionen über die Sache verboten, die indirekt erstere herbeiführen können, so die Bestellung von Pfandrechten, sofern sich letztere nicht nur auf die Früchte erstrecken (Nutzpfand); Veräußerungsverbote beruhen entweder unmittelbar auf gesetzlicher Vorschrift, oder auf richterlicher Verfügung, oder auf Privatwillkür (letztwillige und vertragsmäßige Veräußerungsverbote). Zu den ersteren gehört die Veräußerlichkeit der Familienfideikommißgüter sowie der mit einer fideikommissarischen Substitution behafteten Sachen (§ 613 a. b. G.B.). Veräußerungen gegen das gesetzliche Verbot sind nichtig. Keinem gesetzlichen Veräußerungsverbot unterliegt nach österr. R. die res litigiosa (§ 378 a. b. G.B., § 234 C.P.O.). Richterliche Veräußerungsverbote kommen als einstweilige Verfügungen im Sicherungsverfahren vor (§§ 379, Z. 2, 382 Z. 6 E.O.). Veräußerungen, welche dem richterlichen Verbote zuwiderlaufen, sind ungültig, sofern bei beweglichen Sachen nicht der Erwerber durch die Bestimmungen der §§ 367 und 456 a. b. G.B. oder der Artikel 306 und 307 des Handelsgesetzbuches geschützt ist. Das richterliche Verbot der Veräußerung von Liegenschaften ist von amtswegen im Grundbuch anzumerken (§ 384 E.O.); Erwerb Dritter auf Grund des Vertrauensprincipes könnte daher nur stattfinden, falls die Anmerkung etwa aus Versehen nicht ins Buch gekommen wäre. Durch Privatwillen geschaffene Veräußerungsverbote sind wirkungslos, wenn sie nur im Interesse des mit dem Verbote belegten (z. B. um dessen Verarmung hintanzuhalten) erlassen wurden. Deren Verbücherung ist nach § 9 des Grundbuchsgesetzes unzulässig. Ist jedoch das Veräußerungsverbot die negative Seite eines Dritten Personen an der Sache bestellten Anwartschaftsrechtes, wie dies bei der fideikommissarischen Substitution, desgleichen bei der bedingten und betagten Erbeinsetzung der Fall ist, so liegt hierin eine Beschränkung der Dispositionsbefugnis des Erben auch mit Wirkung für Dritte. Bei vertragsmäßigen Veräußerungsverboten (soweit sie nicht ausschließlich im Interesse des damit Beschwerten erlassen wurden) sind folgende Fälle zu unterscheiden. Erstens: der das V.V. erlassende Kontrahent hat ein rechtliches Interesse an der Einhaltung desselben; er erwirbt daher einen persönlichen Anspruch auf Nichtveräußerung bezw. auf Schadenersatz im Kontraventionsfalle. Die Veräußerung ist jedoch nicht ungültig und wird dies auch nicht durch die nach § 9 des Grundbuchsgesetzes unzulässige Verbücherung des Verbotes. Zweitens: das V.V. ist nur eine Äußerung der durch den Vertrag einem Dritten eingeräumten Anwartschaft auf die Sache. Es wird z. B. ein der fideikommissarischen Substitution analoges Verhältnis unter Lebenden durch Vertrag und zwar mit Beiziehung des Anwärters geschaffen. Hier äußert das (verbücherungsfähige) V.V. dingliche Wirkung. Ist drittens das V.V. zu Gunsten eines dem Vertrage nicht beigezogenen dritten Anwärters erlassen, so wird auch hier, aber erst durch die Bekanntgabe der Verfügung an den Anfallsberechtigten (§ 1019 a. b. G.B.) ein der fideikommissarischen Substitution analoges Rechtsverhältnis geschaffen, welches das VV. zu einem absolut wirksamen und verbücherungsfähigen macht (Steinbach, Ger. Zeitung Nr. 39 ff. aus dem J. 1877, Randa, § 8; abweichend Krainz, § 201). Als Modus („Auftrag") kann das V.V. auch bei unentgeltlichen Geschäften nicht betrachtet werden, da der Modus nicht eine Unterlassung zum Gegenstande haben kann (a. M. Krainz a. a. O.). Der Fall, daß das V.V. als Resolutivbedingung beigefügt ist, bedarf keiner besonderen Betrachtung. Gutgläubiger Erwerb einer mit absolut wirkendem V.V. belasteten beweglichen Sache wird nach § 367 a. b. G.B. geschützt. Dagegen hindert ein solches V.V. die Veräußerung im Exekutionsverfahren (a. M. Krainz, S. 566, Exner, Hypothekenrecht, S. 161).

III. **Miteigentum.** Am Eigentumsrecht an ein und derselben Sache können mehrere Personen in verschiedener Weise participieren. Es können ihnen an einer unbeweglichen, eine wirtschaftliche Einheit bildenden Sache reelle Anteile zu Eigentum zustehen. Sie können weiter auch ohne körperliche Teilung Miteigentümer der Sache zu ideellen aliquoten Teilen sein. Endlich können auf specieller Vereinbarung beruhende besondere Gemeinschaftsverhältnisse bestehen (z. B. bei Handelsgesellschaften). Nur der zweite, dem gemeinrechtlichen Miteigentum entsprechende Fall ist hier zu erwähnen und zwar in erster Linie jene Gemeinschaft, welche nicht einem Vertrag, sondern einer sog. communio incidens (z. B. Erbgang) entspringt. Es erscheint jedoch der römisch-rechtliche Begriff des Miteigentums unter dem Einfluß des deutschen Rechtes in der Weise modifiziert, daß die dem römischen Recht mangelnde Vertretung des Gesamtwillens der Miteigentümer nunmehr unter Anwendung des Majoritätsprincipes geschaffen wurde, wodurch das heutige Miteigentum ein organisiertes, der juristischen Person sich wenigstens äußerlich näherndes Rechtsinstitut geworden ist (Dernburg, S. 531 ff., Randa, S. 233). Die Rechtsstellung des einzelnen Miteigentümers findet ihre Bestimmung und Abgrenzung in der konkurrierenden Gleichberechtigung der übrigen, so daß durch Wegfall dieser Konkurrenz (durch Dereliktion seitens eines Miteigentümers) Anwachsung stattfindet. Kraft positiver gesetzlicher Norm werden die Anteile im Zweifel als gleich groß angesehen (§ 839 a. b. G.B.). Im einzelnen gestaltet sich die Rechtsstellung der Miteigentümer wie folgt. Es ist zu unterscheiden die Stellung des Miteigentümers als Teiles der Gesamtheit aller Miteigentümer (§ 828 a. b. G.B.), außerdem seine Sonderrechtsstellung (§§ 829 und 830 a. b. G.B.). Der Wille der Gesamtheit ist entscheidend für Verfügungen über die gemeinschaftliche Sache (§ 828), weiters für die Art der Verwaltung und Benützung der letzteren (§ 837 ff.). Regelmäßig ist entscheidend der Mehrheitsbeschluß, welcher nicht nach der Anzahl der Personen, sondern nach dem Verhältnisse der Anteile zu berechnen ist (§ 833). Die Minorität muß sich dem Beschlusse fügen; nur bei wichtigen Veränderungen kann Sicherstellung eventuell Austritt aus der Gemeinschaft verlangt werden (§ 834), letzteres (Austritt) jedoch nur dann, wenn dies nicht „zur Unzeit" (§§ 830, 836) geschieht (Zeiller, III. S. 884). Daß die für die Gemeinschaft etwa vertragsmäßig bestimmte Zeit noch nicht abgelaufen, steht dem Austrittsbegehren nicht entgegen (§§ 834, 831). Will oder kann die Minorität nicht austreten, so hat das Los, ein Schiedsmann oder in letzter Linie der Richter darüber zu entscheiden, ob die beschlossene Veränderung unbedingt oder gegen Sicherstellung erfolgen solle (§ 835). Die Verwaltung der gemeinschaftlichen Sache geschieht regelmäßig durch sämtliche Miteigentümer (§ 833). Durch Mehrheitsbeschluß kann jedoch auch ein besonderer Verwalter bestellt werden, welcher auch der Minorität gegenüber nicht als negotiorum gestor, sondern als Bevollmächtigter erscheint. Dieselbe Stellung hat auch der mit stillschweigender Zustimmung der Mehrheit der Teilhaber die Verwaltung führende Miteigentümer (§ 837). Für die Verwaltungsführung durch mehrere Verwalter gilt gleichfalls das Majoritätsprincip (§ 838). Als Sonderrechte des Miteigentümers („Individualrechte") erscheinen 1. das Recht zum Mitbesitz der gemeinschaftlichen Sache (§ 833). Lassen Sachen, wie regelmäßig Mobilien, Mitbesitz nicht zu, so entscheidet die Mehrheit darüber, wem die ausschließliche Gewahrsame zukommt (§ 833 zweiter Satz). 2. Das Recht auf den verhältnismäßigen Anteil an den Nutzungen der gemeinschaftlichen Sache und zwar entweder auf unmittelbaren, selbständigen Bezug oder auf Bezug der entsprechenden Quote des aus der Verwaltung entspringenden Reinertrages (§ 839). Unteilbare Nutzung (z. B. eines Reitpferdes) kommt den Teilhabern abwechselnd zu. Jeder Miteigentümer kann auf Rechnungslegung bringen (§ 830). 3. Das Recht, sich hinsichtlich seines Anteiles gegen Dritte sowie auch die Miteigentümer durch possessorische und petitorische Rechtsmittel zu schützen, weiters die Befugnis, Rechte der Gemeinschaft, z. B. Prädialservituten im Interesse aller auch ohne deren Mitwirkung einzuklagen. Auch die Eigentumsklage kann seitens eines Miteigentümers in Bezug auf die ganze Sache gegen Dritte angestellt werden (a. M. Randa, S. 240, N. 40). 4. Das Recht, seinen Anteil sowie die Nutzungen davon auch an Nichteigentümer zu veräußern, sowie dieselben zu verpfänden (§ 829). Der Anteil des Miteigentümers ist Gegenstand der Zwangsvollstreckung und zwar sowohl der Zwangsversteigerung als auch der Zwangsverwaltung. 5. Das Recht, die Aufhebung der Gemeinschaft und Teilung der gemeinschaftlichen Sache verlangen zu können (§ 830). Diesem Recht kann jedoch zeitweise Vertrag oder letztwillige Anordnung entgegenstehen (§§ 831, 832). Andererseits ist eine immerwährende Verbindlichkeit zur Gemeinschaft ausgeschlossen (§ 832 a. E.), sowie auch die Teilungsklage der Verjährung nicht unterworfen ist (§ 1481). Es geht auch die Verpflichtung zur Fortsetzung der Gemeinschaft auf die Erben nicht über, sofern diese nicht eingewilligt haben (§ 831); wohl aber bindet der zeitliche Ausschluß des Teilungsrechtes die Singularsuccessoren (Randa, S. 248). Das Recht, Teilung zu verlangen, ist dadurch beschränkt, daß es nicht zur Unzeit und auch nicht zum Nachteile der übrigen Teilhaber ausgeübt werden darf, weshalb sich der die Teilung verlangende Miteigentümer entsprechenden Aufschub gefallen lassen muß (§ 830). Die Teilung ist entweder Naturalteilung oder sie erfolgt durch gerichtliche Feilbietung und Verteilung des Kaufschillings (§ 843). Die Naturalteilung geschieht entweder außergerichtlich auf Grund allseitigen Einverständnisses, eventuell unter Zuhilfenahme des Loses bezw. Beiziehung eines Schiedsmannes (§ 841) oder gerichtlich auf Grund rechtskräftigen Teilungsurteils oder sonstigen vollstreckbaren Titels (§ 351 E.O.). Kompetent für die Teilungsklage (actio communi dividundo) ist die Realinstanz (§ 81 Jur. Norm). Die Naturalteilung begründet Gewährleistungspflicht unter den Beteiligten. Bei physischer oder rechtlicher Unteilbarkeit der gemeinschaftlichen Sache geht die Teilungsklage auf Bewilligung gerichtlicher Feilbietung (§ 843). Die Vollstreckung der bewilligten gerichtlichen Versteigerung erfolgt nach § 352 E.O. in den Formen des außerstreitigen Verfahrens (§§ 272 bis 282 des kaif. Pat. vom 9. August 1854, Nr. 208 R.G.B.); die Hypothekengläubiger bleiben daher durch die Veräußerung vollkommen unberührt (§ 277 des cit. Patentes). Die Exekution des Teilungs-(Feilbietungs-)Urteils findet auch gegen den Kläger statt (judicium duplex). Eigentum geht bei der gerichtlichen Naturalteilung erst mit der Übergabe bezw. bürgerlichen Eintragung zu Gunsten des bezüglichen Teilhabers, bei der Teilung durch Feilbietung erst mit dem Zuschlag über. Im Fall der Naturalteilung bleiben trotzdem gewisse Dinge, wie Servituten, Grenzzeichen, Urkunden unteilbar (§ 844). Ein Servitut steht jedem Trennstück zu, soweit sich damit nicht eine Mehrbelastung des dienenden Grundstückes ergiebt. Vom a. b. G.B. wird unter Umständen ein Miteigentumsverhältnis vermutet; so bezüglich jener Gegenstände, die sich wie Zäune, Privatbäche u. s. w. als Scheidewände zwischen Nachbargrundstücken befinden, sofern selbstverständlich diese Gegenstände nicht erwiesenermaßen im Alleineigentum eines der Nachbaren stehen. Dieses Miteigentumsverhältnis erschöpft sich jedoch in der beiderseitigen Gebrauchsberechtigung, sowie in der beiderseitigen Verpflichtung, die Erhaltungskosten verhältnismäßig zu tragen (§§ 854 bis 856). Dagegen kann weder von einem Recht auf Teilung, noch von einem solchen auf Veräußerung des Anteils die Rede sein.

IV. **Erwerb des Eigentumes.** Das a. b. G.B. legt der gemeinrechtlichen Doktrin seiner Entstehungszeit entsprechend den Bestimmungen über den Eigentumserwerb (§ 380), sowie über den Erwerb dinglicher (nicht auch obligatorischer: Unger, II. S. 11) Rechte (§§ 449, 480, 481, 533) das Dogma vom titulus und modus acquirendi zu Grunde. Der Hauptmangel desselben besteht darin, daß bei den originären Eigentumserwerbsarten ein Titel überhaupt nicht vorliegt und daher dessen Vorhandensein, z. B. beim Eigentumserwerb durch Occupation, in sehr künstlicher Weise konstruiert werden muß (§ 381). Aber auch abgesehen hiervon ist die Lehre vom titulus und modus acquirendi als praktisch völlig belanglos längst erkannt (s. die Geschichte dieser Lehre bei Hofmann, Die Lehre vom titulus und modus adquirendi, 1873). Man pflegt die Eigentumserwerbsarten in verschiedener Weise systematisch zu gruppieren (s. Randa, S. 261 ff.). Das a. b. G.B. unterscheidet (wie beim Besitzerwerb: § 314) zwischen unmittelbarem und mittelbarem Eigentumserwerb, je nachdem man eine Sache „aus der Hand der Natur" (Zeiller, II. S. 158) oder seitens eines Voreigentümers empfängt (Marginalrubrik zu §§ 381 und 423). Als unmittelbare Erwerbsart bezeichnet das a. b. G.B. die Zueignung, wozu es nicht nur die Occupation herrenloser („freistehender") Sachen, sondern auch den Fund- und Schatzerwerb rechnet. Als mittelbare Erwerbsart erscheint die Übergabe (Tradition). In der Luft hängt der Eigentumserwerb durch Zuwachs (§§ 404 bis 422), welche von Zeiller (II. S. 189) als teils unmittelbare, teils mittelbare Erwerbsart bezeichnet wird. Ganz abseits stellt das. a. b. G.B. den Eigentumserwerb durch Ersitzung (letztes Hauptstück des III. Teiles). Zweckmäßiger für die systematische Darstellung ist die Einteilung in abgeleiteten (derivativen) und ursprünglichen (originären) Erwerb; bei ersterem ist zwischen Mobilien und Immobilien zu unterscheiden.

A. Abgeleiteter Eigentumserwerb.

I. Bei beweglichen Sachen.
1. Durch Übergabe (Tradition).

Es entspricht der das Sachenrecht des a. b. G.B. durchziehenden Grundanschauung, daß Eigentum durch bloßen Vertrag (wie z. B. nach französischem Recht) nicht übertragen werden kann. Vielmehr wird im Anschluß an das römische Recht die Übergabe als allgemeine Form für freiwillige Veräußerungsgeschäfte aufgestellt. Durch dieselbe wird nicht nur das dem Eigentumsrecht entsprechende äußere Gewaltverhältnis zu Gunsten des Erwerbers hergestellt, sondern es wird auch, worauf die Redaktoren besonderes Gewicht legten (Zeiller, II. S. 219), dem Eigentumsübergang die für die Sicherheit des redlichen Verkehrs so wichtige Publicität verliehen. Die Erfordernisse der Übereignung durch Tradition sind:

a) Übergabe, d. i. Einräumung des Besitzes (Zeiller, II. S. 219, 221) und zwar ist der Besitzerwerb das den Eigentumserwerb Vermittelnde; denn wie schon oben in der Besitzlehre nachgewiesen wurde, handelt es sich auch in den Fällen der sog. symbolischen Tradition (§ 427 a. b. G.B.), sowie auch in den Fällen der brevi manu traditio und des constitutum possessorium, denen sich der Fall der Anweisung einer in der Detention eines Dritten befindlichen Sache anschließt, um wirkliche Besitzübertragung. Demnach unterscheidet das a. b. G.B. als Arten der Übergabe (Tradition) die **körperliche Übergabe, die Übergabe durch Zeichen** (symbolische Tradition) und die **Übergabe durch Erklärung** (§§ 426, 427, 428). Kraft positiver Norm (§ 429 a. b. G.B.) werden „in der Regel" überschickte Sachen, falls der Destinatar die Überschickungsart selbst bestimmt oder genehmigt hat, als **übergeben** betrachtet, sobald sie abgesendet sind. Damit wollte zunächst die Gefahrfrage geregelt werden. Da aber die Redaktoren (vgl. Zeiller, IV. S. 342 ff.) in Übereinstimmung mit dem preußischen Landrecht (Dernburg, I. S. 579) die Gefahr dem Eigentümer auferlegten, so wurde der Gefahrübergang als Beweis des gleichzeitigen Eigentumsüberganges betrachtet. Trotzdem kann sich auch im Falle des § 429 der Eigentumsübergang nur nach den gewöhnlichen Traditionsgrundsätzen vollziehen, d. h. entweder durch constitutum possessorium, wenn der Absender die Sache namens des Destinatars dem Transportmittel übergiebt (Randa, S. 327, Note .27) oder dadurch, daß der Überbringer der Sache als wirklicher, dem Destinatar gegenüber ablieferungspflichtiger Vertreter des letzteren erscheint (Pfersche, S. 143; a. M. Zeiller, II. 227, Ofner, S. 77, welche die Mittelperson, besonders den Frachtführer, als eine Art gesetzlichen Vertreter des Adressaten betrachten; a. M. Exner, S. 150, welcher in § 429 einen „durchaus singulären Fall eines abgeleiteten Eigentumserwerbs ohne Tradition" und auch ohne Besitzübergang erblickt; a. M. Randa, S. 328, welcher Eigentum und Besitz im Momente der Absonderung ex lege auf den Destinatar übergehen läßt; für das principiell auf gleichem Standpunkt stehende preuß. Landrecht nimmt Dernburg a. a. O. den Erwerb eines beschränkten Eigentums seitens des Adressaten im Momente der Absendung an; schwankend Krainz, S. 496, Note 14, S. 503, 579). Durch die hier vertretene Anschauung bleibt die absolute Geltung des Satzes gewahrt, daß nach österr. R. Eigentumserwerb durch Tradition ausnahmslos durch Besitzübertragung vermittelt wird.

Im einzelnen ist hinsichtlich der verschiedenen Traditionsformen mit Ausnahme des bereits oben in der Besitzlehre Gesagten noch folgendes zu bemerken. Nach § 427 werden Schuldforderungen, Frachtgüter, Warenlager und andere Gesamtsachen unter anderem auch tradiert durch Übergabe der „**Urkunden, wodurch das Eigentum dargethan wird**". Was die „Schuldforderungen" anbelangt, so kommt § 427 nur für **Inhaberpapiere** zur Anwendung, nicht aber für andere Forderungen (vgl. § 1393 a. b. G.B.; Randa, S. 310 ff.). Welche Urkunden hat jedoch § 427 im Auge, wenn es sich um die Übertragung von anderen Dingen als Forderungen handelt? Zunächst jedenfalls jene Urkunden, durch welche der Rechtserwerb des Tradenten dargethan wird (instrumentum antiquum). Es ist jedoch kein Grund vorhanden, jene Urkunden auszuschließen, durch welche der jetzige Tradent die Sache auf den Erwerber überträgt (instrumentum novum), sofern in denselben auch der Besitzübergang stipuliert ist. In beiden Fällen (Übergabe des instr. antiquum bezw. novum) darf jedoch der sofortigen Besitzerwerbung seitens desjenigen, dem tradiert wird, kein Hindernis (z. B. der Besitz einer dritten Person) entgegenstehen. Auch in den vorliegenden Fällen der Urkundenübergabe fallen Besitzübertragung und Eigentumserwerb zusammen (Strohal, S. 206 ff., Pfersche, S. 145, Randa, Besitz § 11, Dernburg, S. 338; a. M. Exner, S. 173). Dagegen können als „Urkunden, wodurch das Eigentum dargethan wird", nicht betrachtet werden jene Legitimationspapiere, auf Grund deren vom Inhaber die Ausfolgung der Sachen verlangt werden kann; diese Papiere erscheinen vielmehr im Sinn des § 427 als „Werkzeuge, durch die der Unternehmer in den Stand gesetzt wird, ausschließend den Besitz der Sache zu ergreifen" (Exner, S. 184, Pfersche, S. 141).

Was den Fall des Eigentumserwerbs durch constitutum possessorium (§ 428 a. b. G.B.) anbelangt, so ist zu bemerken, daß das österr. R. ein **abstraktes Konstitut** nicht kennt, daß vielmehr das Verbleiben der Sache in der Innehabung des Veräußerers auf einem besonderen Rechtsgrund (z. B. Miete, Depositum) beruhen muß (Randa, Eigentum S. 325).

b) Der übereinstimmende Wille beider Kontrahenten, Eigentum zu übertragen bezw. zu erwerben. Dieser Wille muß sich in einem Rechtsgeschäft, welches geeignet ist, den Eigentumsübergang zu vermitteln (Kauf, Tausch u. a.) verkörpern: abstrakter dinglicher Vertrag ist nach österr. R. zur Eigentumsübertragung nicht geeignet. Nicht genügend ist desgleichen bloße **subjektive** Annahme eines Rechtsgrundes seitens der Handelnden; vielmehr muß ein gültiger Rechtsgrund wirklich vorhanden sein. Dissens über den Titel hindert den Eigentumsübergang trotz erfolgter Übergabe (§ 869 a. b. G.B.: „erfolgt die Annahme unter andern Bestimmungen, als unter welchen das Versprechen geschehen ist, so entsteht kein Vertrag"). Insbesondere geht Eigentum auch nicht über, falls es sich um Zahlung auf Grund einer irrig vorausgesetzten Verpflichtung handelt. Wenn § 1431 a. b. G.B. für diesen Fall die Bereicherungsklage giebt, so ist damit die primäre Zuständigkeit der Eigentumsklage nicht ausgeschlossen (§ 1431: „.... so kann .... die Sache zurückgefordert .... werden"). Die Bereicherungsklage behält ihre praktische Bedeutung vor Allem für den Fall, daß die irrig geleistete Sache auf einen gemäß § 367 a. b. G.B. geschützten gutgläubigen Dritten übergegangen ist. Es ist demnach nach österr. R. die causa ein Erfordernis für die Wirksamkeit der Tradition (Strohal, Die Gültigkeit des Titels als Erfordernis wirksamer Eigentumsübertragung; Krasnopolski in der Prager Jur.V.J.-Schr. 1881 S. 76 ff.; Pfersche, Sachenrecht, S. 130; Derselbe, Irrtumslehre, S. 292 ff.; Ofner, Sachenrecht, S. 74; a. M. Krainz, I, S. 577; Randa, Eigentum S. 293 ff.). Justa muß die causa traditionis nur insofern sein, als sie nicht vom Recht als injusta erklärt sein darf (z. B. Verkauf einer Reliquie). Ausnahmsweise geht Eigentum auf Grund einer vom Recht nicht gebilligten causa über: § 1174 a. b. G.B. (s. über die Frage der justa causa traditionis Hofmann, Die Lehre vom titulus und modus adquirendi und von der justa causa traditionis).

Furcht, Irrtum und Mißverständniß üben beim Traditionsvertrage dieselben Wirkungen aus, wie bei sonstigen Rechtsgeschäften. Ist der Eigentumsübertragungswille **suspensiv bedingt oder betagt**, so vollzieht sich der Übergang des Eigentums erst mit der Erfüllung der Bedingung bezw. mit dem Eintritt des Zeitpunktes, wenn auch schon vorher Übergabe erfolgte (so z. B. beim Geldwechseln oder bei Barverkäufen: s. Dernburg, I, S. 577). Den allgemeinen Satz, daß der Eigentumsübergang beim Kauf durch Zahlung oder Kreditierung des Kaufpreises bedingt sei, kennt das österr. R. nicht.

Wurde der Eigentümer zur Übertragung des Eigentums rechtskräftig verurteilt, so ersetzt das Urteil den mangelnden Übertragungswillen und die Übergabe erfolgt im Wege der Zwangsvollstreckung (§§ 346, 348 der Exekutionsordnung). Eigentumsübergang findet jedoch nur statt, wenn der Vormann Eigentümer war; die Rechte Dritter an der Sache bleiben gewahrt (Krainz, S. 582; Dernburg, S. 578).

c) **Verfügungsberechtigung des Übertragenden.** Dieser muß nicht nur im allgemeinen handlungsfähig sein, sondern er darf auch nicht durch ein dinglich wirkendes Veräußerungsverbot beschränkt sein. Endlich muß er regelmäßig selbst Eigentümer sein (§ 442 a. b. G.B.). In Bezug auf dieses letztere Erfordernis finden sich im österr. R. jedoch weitgehende Ausnahmen (§§ 367, 824 a. b. G.B.). Es wird nämlich in folgenden Fällen Eigentum erworben, auch wenn der Vormann nicht Eigentümer war:

α) wenn eine bewegliche Sache redlicher Weise in einer öffentlichen Versteigerung erstanden wurde, vorausgesetzt, daß der Feilbietungsakt nicht aus irgend einem Grunde (z. B. wegen Nichtverständigung eines Pfandgläubigers) nichtig ist (Entscheidung des obersten G.H., Rg. Nr. 6646). Nach § 269 der Exekutionsordnung gilt vorstehender Satz auch für den exekutiven Verkauf aus freier Hand;

β) wenn eine bewegliche Sache redlicher Weise und entgeltlich von einem „zu diesem Verkehre befugten Gewerbsmanne" erworben wurde. Unentgeltlichkeit der Veräußerung hebt das Schutzbedürfnis des Erwerbers auf (a. M. Randa, S. 345). Unter „Gewerbsmann" ist auch der Kaufmann und Handwerker zu verstehen. Die „Befugnis zum Verkehre" richtet sich nach der Gewerbeordnung;

γ) wenn eine bewegliche Sache redlicher Weise und entgeltlich von Jemandem erworben wurde, dem sie der Eigentümer selbst zum Gebrauche, zur Verwahrung oder in was immer für einer anderen Absicht anvertraut hatte. Dieser Fall des Eigentumserwerbes vom Nichteigentümer ist auf den deutschrechtlichen Grundsatz: „Hand muß Hand wahren" zurückzuführen (Zeiller, II, S. 134, Randa, S. 348 ff.). Dieser Grundsatz ist jedoch im österr. R. im Interesse des Schutzes redlichen Verkehrs (s. unten) dahin abgeschwächt, daß die weiterbegebene Sache nicht gerade „anvertraut" im eigentlichen Sinne des Wortes sein muß; es genügt, daß sie nicht gegen den Willen des Eigentümers an jenen kam, der sie veräußerte. Sie darf also nicht dem Eigentümer geraubt oder gestohlen worden sein. Dagegen erwirbt der gutgläubige Dritte Eigentum auch dann, wenn der Veräußerer dem Eigentümer die Sachen entlockte oder letztere auf Grund eines Irrtums an den Veräußerer kam (Krasnopolski, Schutz des redlichen Verkehrs; mein Pfandrecht an beweglichen Sachen, S. 347 ff.). Das Gesetz verlangt, daß das Anvertrauen der Sache seitens des Eigentümers selbst erfolgte. Damit ist jedoch nicht ausgeschlossen, daß man auch vom Aftermieter, Afterpfandgläubiger Eigentum gemäß § 367 a. b. G.B. erwerben könne (Randa, S. 349). „Anvertrauen" im Sinne des Gesetzes setzt stets das Aufgeben der eigenen Gewahrsame voraus; daher können Dienstboten Sachen ihres Dienstherren nicht mit der Wirkung des Eigentumsüberganges veräußern (Randa a. a. O.).

Die vorstehenden Bestimmungen des § 367 a. b. G.B. haben das Interesse des redlichen Verkehrs im Auge; sie schützen denjenigen, der mit Rücksicht auf die obwaltenden Umstände erwarten konnte und mußte, daß er für sein gutes Geld auch Eigentum erwerben werde. Diesen Schutz genießt der redliche Erwerber in den ersten beiden Fällen des § 367 sogar dann, wenn die erworbenen Sachen gestohlen oder verloren waren (anders nach Handelsrecht: Art. 306). Anderseits nimmt das Gesetz auf den Eigentümer der Sache dadurch Rücksicht, daß seitens des Erwerbers nicht nur subjektive Redlichkeit, sondern objektiv begründeter guter Glaube in dem Sinne gefordert wird, daß erkennbare Verdächtigkeit des Vormannes, auch wenn sie vom Erwerber nicht erkannt wurde, den Eigentumsübergang hindert (§ 368 a. b. B.G., v. Schey, Über den redlichen und unredlichen Besitzer, S. 81 ff.).

Weitere Fälle des Eigentumserwerbes vom Nichteigentümer sind

δ) der entgeltliche oder unentgeltliche jedoch redliche Erwerb von Bargeld, Inhaber- und auch Ordrepapieren (§ 371 a. b. B.G.). Es ist Voraussetzung einer normal sich abwickelnden Geldwirtschaft, daß der gutgläubige Erwerber von Bargeld und dessen Surrogaten gegen Eigentumsansprüche Dritter absolut geschützt ist. Gleichgültig ist daher, ob das vom Nichteigentümer tradierte Bargeld zufolge Vermengung mit Bargeld des Erwerbers ununterscheidbar geworden ist; in diesem letzteren Falle wird sogar der unredliche Erwerber Eigentümer des tradierten Geldes. § 371 äußert trotz der eingangs gebrauchten Worte seine Bedeutung in erster Linie für den Fall, daß die Vindikation mit Rücksicht auf die noch vorhandene Unterscheidbarkeit der Stücke an und für sich möglich ist. Sie wird nun ausgeschlossen für den Fall der Redlichkeit des Erwerbers. Redlichkeit auch hier (wie im § 368 a. b. G.B.) nicht in rein subjektivem Sinne genommen; entscheidend ist vielmehr, ob Erwerber das seinem Eigentumserwerb entgegenstehende Hindernis wissen mußte oder nicht. Unnötig und selbstverständlich ist in § 371 die Erwähnung der Umstände, aus denen der Kläger sein Eigentumsrecht beweisen kann; dies ist allgemeine Voraussetzung der Vindikation. Überhaupt ist § 371 den Redaktoren nicht geglückt. Statt dessen Bestimmung aus dem Gesichtspunkt der notwendigen Verkehrssicherheit zu entwickeln, schwebte ihnen der Gedanke der Unmöglichkeit der Vindikation einer unbestimmbaren Sache vor. Daher auch die Einreihung nach § 370 statt nach § 367 (Randa, S. 351 ff., a. M. Krainz, I, § 219 u. S. 581 Nr. 26). Selbstverständlich gilt § 371 (wie die beiden ersten Fälle des § 367) auch für geraubte, gestohlene und verlorene Sachen.

Endlich wird

ε) Eigentum erworben seitens desjenigen, welcher entgeltlich oder unentgeltlich, jedoch redlicher Weise von einem vermeintlichen Erben, dem die Erbschaft gerichtlich eingeantwortet wurde, Nachlaßgegenstände, bewegliche oder unbewegliche, an sich bringt (§ 824 a. b. G.B.). Der erweiterte Schutz des redlichen Dritten beruht hier auf dem Gedanken, daß das Gericht durch seine Einantwortungsverfügung den äußeren Schein der Dispositionsbefugnis schuf. § 824 bezieht sich auf Sachen, die dem Erblasser anvertraut waren (§ 367); er setzt den guten Glauben des veräußerten Scheinerben nicht voraus. Legatare können als dritte redliche Besitzer nicht angesehen werden (Randa, S. 364, Exner, S. 70, welcher jedoch die Wirkung des § 824 nur bei Mobilien annimmt).

Die Vorschriften über den Eigentumserwerb durch Tradition kommen auch auf solche unbewegliche Sachen zur Anwendung, welche in den öffentlichen Büchern nicht eingetragen sind (Randa, S. 395).

2. Durch Universalsuccession. Durch Beerbung findet Eigentumsübergang auf den Erben statt. Das Nähere, insbesondere, die Frage, in welchem Zeitpunkte sich der Eigentumserwerb zu Gunsten des Erben vollzieht, gehört in das Erbrecht.

II. Bei unbeweglichen Sachen.

Das Eigentum an unbeweglichen Sachen, welche in den öffentlichen Büchern eingetragen sind, wird regelmäßig nur durch bücherliche Umschreibung (Einverleibung des Eigentumsrechtes zu Gunsten des Erwerbers) erworben. Das Nähere, insbesondere die Ausnahmen von diesem Grundsatz, s. im Grundbuchsrecht.

B. Ursprünglicher Eigentumserwerb.

1. *Zueignung* (Occupation) herrenloser ("freistehender": §§ 381, 382 a. b. G.B.) Sachen. Wer den Besitz einer eigentumsfähigen herrenlosen Sache ergreift, erwirbt an derselben Eigentum, sofern er dies beabsichtigt (§ 381 a. b. G.B.). Auch hier wird somit (wie bei der Tradition) durch den Besitzerwerb der Eigentumserwerb vermittelt. Jedoch stellt das Recht an das sog. corpus possessionis bei der Occupation höhere Anforderungen wie bei der Tradition (vgl. § 315 a. b. G.B); daher gebraucht auch § 381 den Ausdruck „sich bemächtigen". „Freistehende" Sachen sind dies entweder von vornherein oder sie werden es erst durch Dereliktion seitens des Eigentümers (§ 386 a. b. G.B.). Regel ist, daß freistehende Sachen von Jedermann (§§ 382 u. 386 sprechen zu eng nur von „Mitgliedern des Staates") occupiert werden können. Die wichtigeren freistehenden Sachen sind jedoch bestimmten Personen, insbesondere auch dem Staat als Regal zu ausschließlicher Occupation vorbehalten (so gehören z. B. nach dem Berggesetze gewisse Mineralien zum Bergregal).

Besonders erwähnt das a. b. B.G. die Zueignung durch Tierfang (§§ 383 und 384), welcher als Jagd- und Fischereirecht ebenfalls ausschließliches Occupationsrecht bestimmter Personen ist. Dem früher bestandenen Jagdregal wurde mit dem kaiserlichen Patent vom 7. März 1849 Nr. 154 R.G.B. (nicht gültig für Dalmatien) ein Ende gemacht, indem dieses Gesetz das Jagdrecht auf fremdem Grund und Boden aufhob (§ 1) und jedem Besitzer eines zusammenhängenden Grundkomplexes von wenigstens 115 Hektar (200 Joch) die Ausübung der Jagd auf diesem gestattete (§ 5). Auf allen übrigen Grundstücken wurde die Jagd der betreffenden Gemeinde zugewiesen (§ 6), welche dieselbe in der Regel durch ungeteilte Verpachtung auszuüben hat (§ 7).

Das Wild ist bis zur Occupation durch den Jagdberechtigten herrenlose Sache; dies ergiebt sich aus der Stellung des § 383 a. b. G.B. im Hauptstücke vom Eigentumserwerb durch Zueignung; aus den Bestimmungen der §§ 292, 295 u. 298 a. b. G.B. kann ein schon vor der Occupation bestehendes Eigentum des Jagdberechtigten nicht abgeleitet werden (vgl. Anders, Jagd- und Fischereirecht, S. 33 ff., Krainz, S. 569, Dernburg, S. 549; a. M. Ofner, S. 66). Noch weniger ist der Jagdberechtigte juristischer Besitzer des noch nicht occupierten Wildes; trotzdem erscheint die Occupation seitens eines Unberechtigten als Diebstahl (§§ 171, 174 IIg des Strafgesetzes). Das durch den Unberechtigten occupierte Wild fällt von selbst in das Eigentum des Jagdberechtigten (Windscheid, I, § 184, Nr. 5b; a. M. Anders, a. a. O., Krainz, S. 570, Dernburg, S. 550); desgleichen das auf dem Jagdgebiete gefallene Wild (§ 19 der Jagd- und Wildschützenordnung vom 28. Februar 1786) sowie auch Teile desselben (z. B. abgeworfene Geweihe). Ein Recht zur Jagdfolge, d. h. zur Verfolgung des angeschossenen Wildes in ein anderes Revier besteht nicht (§ 5 des cit. Gesetzes). Raubtiere (z. B. Wölfe, Füchse) darf Jedermann erlegen; desgleichen Schwarzwild (Wildschweine) außerhalb der Tiergärten (§ 3 des cit. Gesetzes); er muß die Tiere jedoch dem Jagdberechtigten ausliefern. Tiere, die weder zu den jagdbaren noch zu den Raubtieren gehören, können auf „gemeinem Grunde" (§ 384 a. b. G.B.) von Jedermann, sonst nur vom Grundeigentümer occupiert werden (Krainz, S. 570). Kein Gegenstand der Zueignung sind zahme und zahm gemachte Tiere (insbesondere häusliche Bienenschwärme); der Eigentümer hat sogar das Recht, sie auf fremdem Grund zu verfolgen (§ 384 a. b. B.G.). Sie werden jedoch wieder herrenlos, falls sie in den Zustand der Wildheit zurückkehren. Daß letzteres geschehen, wird vermutet, falls der entflogene Bienenschwarm durch zwei Tage nicht verfolgt wurde oder falls ein gezähmtes Tier durch sechs Wochen nicht zurückkehrte. Nach Ablauf dieser Fristen ist „auf gemeinem Grunde" Jedermann, im übrigen der Grundeigentümer occupationsberechtigt (§ 384); jagdbare Tiere können dagegen nur vom Jagdberechtigten occupiert werden (Krainz, S. 571).

Für das Fischereirecht in Binnengewässern ist das Reichsgesetz vom 25. April 1885, Nr. 58 R.G.B. maßgebend. Durch dasselbe ist der freie Fischfang aufgehoben und in künstlichen Wasseransammlungen oder Gerinnen den Besitzern dieser Anlagen, in natürlichen Gewässern denjenigen zugewiesen, die nach der Landesgesetzgebung fischereiberechtigt sind, d. i. dem Lande selbst oder den Gemeinden. Die Seefischerei ist den Küstenbewohnern bis auf eine Seemeile weit ausschließlich vorbehalten.

2. Das Finden verlorener Sachen. Im Gegensatz zum röm. R. weist das österr. R. auf Grund deutschrechtlicher Anschauung die gefundene Sache, falls der Eigentümer nicht zu ermitteln ist, dem Finder zu. Der Ausschluß des vorigen Eigentümers erfolgt durch ein Ediktalverfahren; meldet er sich binnen gewisser Frist nicht, so vollzieht sich der Eigentumserwerb des Finders, welchen man in diesem Sinne als Eigentumserwerb durch Verschweigung bezeichnen kann. Unrichtig bringt das a. b. G.B. diesen Fall des Eigentumserwerbes unter den Occupationsgesichtspunkt.

Finden im engeren Sinn ist das Entdecken und Ansichnehmen von Sachen, die aus der Gewahrsame eines Andern ohne dessen Willen gekommen also verloren sind. Im weiteren Sinne spricht man auch vom Finden verborgener Gegenstände und des Schatzes (s. Marg. R. zu den §§ 395 u. 398 a. b. G.B.). Das Ansichnehmen verlorener Gegenstände führt eine besondere rechtliche Situation für den Finder herbei, indem dieser damit einerseits die Anwartschaft auf künftigen Eigentumserwerb bezw. auf den gesetzlichen Finderlohn erwirbt, andererseits damit gewisse Verpflichtungen dem Eigentümer gegenüber (insbesondere auch zur Verwahrung) übernimmt (ohne aber als dessen negotiorum gestor betrachtet werden zu können: kann er sich doch der gefundenen Sache wieder begeben; vgl. § 1039 a. b. G.B. und Dernburg, S. 558). Dies gestaltet sich nach österr. R. im einzelnen folgendermaßen. Ist der Verlierer sofort erkennbar oder auf einfache Weise zu ermitteln, so ist ihm die gefundene Sache zurückzugeben, ohne daß er übrigens ein Recht an der Sache nachweisen müßte (also z. B. auch dem Depositar, nicht aber dem Dieb; § 391 a. b. G.B., vgl. Dernburg, a. a. O.). Andernfalls ist für das weitere Vorgehen zunächst der Wert des Fundes maßgebend. Beträgt derselbe nicht mehr als einen Gulden, so ist der Finder jeder weiteren Verpflichtung enthoben und kann die Sache behalten (Zeiller, II, S. 169; a. M. Krainz, S. 599, Nr. 8). Sie kann ihm jedoch innerhalb der dreijährigen Verjährungszeit des § 1466 a. b. G.B., welche vom Zeitpunkte des Fundes zu laufen beginnt, seitens des Verlustträgers abverlangt werden (Analogie des § 392 a. b. G.B.). Bei einem Wert von mehr als einem aber nicht mehr als zwölf Gulden kann der Finder zunächst acht Tage warten, ob sich nicht der Eigentümer meldet; darauf soll er den Fund selbst d. h. ohne Intervention der Behörde auf ortsübliche Weise z. B. durch einen Anschlagzettel kundmachen. Bei einem Werte von mehr als zwölf Gulden muß die Anzeige an die „Ortsobrigkeit" (Polizei) gemacht werden, auf welche sodann die Kundmachungspflicht übergeht und welche auch für die entsprechende Verwahrung bezw. Veräußerung der (z. B. dem Verderben unterworfenen) Fundsache zu sorgen hat (§§ 389, 390

a. b. G.B.). Das Anwartschaftsrecht des Finders auf die Sache entwickelt sich in folgender Weise. Zunächst wird durch ein Jahr von der Zeit der vollendeten Kundmachung an die Fundsache bezw. deren Erlös für den etwa sich meldenden Verlustträger, Eigentümer oder Inhaber (§ 391 a. b. G.B.) lediglich aufbewahrt. Meldet er sich innerhalb dieser Frist und vermag er sich als Verlustträger zu legitimieren, so wird ihm Sache bezw. Erlös samt etwa aufgelaufenen Zinsen ausgefolgt. Nach fruchtlosem Ablauf der einjährigen Frist erlangt Finder das Benutzungsrecht der Sache bezw. des Erlöses, muß beides aber auch jetzt und zwar samt bezogenen Zinsen (Zeiller, II, S. 174) dem sich meldenden Verlust- träger herausgeben. Erst nach Ablauf der dreijährigen Verjährungszeit (§ 1466 a. b. G.B.) wird der Finder Eigentümer. Diese Frist ist zu rechnen von dem Zeitpunkte an, da Ver- lustträger in die Lage kam, behufs Rückerlangung seiner Sache thätig zu werden, also vom Tage des Findens (so auch Zeiller, II, S. 175; a. M. Unger, System, II, S. 282 Nr. 99, Krainz, S. 601, welche den Lauf der dreijährigen Frist mit der vollendeten Kundmachung beginnen lassen; a. M. Stubenrauch [6. Aufl.] I, S. 489 und Ofner, S. 83, welche ihn mit dem Ablauf der Jahresfrist nach vollendeter Kundmachung beginnen lassen).

Kommt es zur Rückstellung der Fundsache an den Verlustträger, sei es weil der Finder diesen sofort erkannte oder ermittelte, sei es erst auf die Verlautbarung des Fundes hin, so hat der Finder Anspruch auf den Ersatz seiner Auslagen (insbesondere auch der Kosten des Ermittelungsverfahrens) sowie auf den nach § 391 a. b. G.B. zu bemessenden Finder- lohn (regelmäßig 10 % des gemeinen Wertes). Hatte Verlustträger freiwillig einen höheren Finderlohn ausgesetzt, so muß er diesen zahlen, falls Finder ihn beansprucht; letzterer braucht sich mit einem unter dem gesetzlichen Ausmaß ausgesetzten Finderlohn nicht zu begnügen. Kommt Finder seiner Kundmachungs- bezw. Anzeigepflicht nicht nach, so verwirkt er den Anspruch auf Finderlohn (§ 393 a. b. G.B.), nicht aber den auf Ersatz seiner Auslagen; er haftet in diesem Falle „für alle schädlichen Folgen", also insbesondere den Schaden, den Verlustträger durch Nichtrückstellung oder verzögerte Rückstellung der Sache erleidet (Zeiller, II, S. 175). Diese Haftpflicht trifft auch die Behörde, welche ihrer Kundmachungspflicht nicht entsprach, möglicherweise letztere und den Finder. Die Ansprüche des Finders, welcher seinen Pflichten nachgekommen ist, sind durch ein Retentionsrecht an der Fundsache geschützt (§ 392: „nach Abzug"). Hätte der Finder seine Pflichten versäumt und wäre daher erst nach- träglich auf Veranlassung der Behörde die Kundmachung des Fundes erfolgt, so wird dadurch der Eigentumserwerb nach Ablauf der dreijährigen Frist an und für sich nicht gehindert (a. M. Krainz, S. 601); es müßte denn sein, daß Finder in gewinnsüchtiger Absicht seine Anzeige- bezw. Kundmachungspflicht vernachlässigte. In allen anderen Fällen genügt der sonstige Verlust des Finderlohnanspruches bezw. die drohende strafgerichtliche Behandlung (§ 393 a. b. G.B., §§ 200, 201 c und 205 St.G.), um den Finder zur Anzeige bezw. Kundmachung zu veranlassen.

Haben mehrere Personen eine Sache gleichzeitig gefunden, so kommen ihnen alle Rechte und Pflichten des Finders gemeinschaftlich zu. Mitfinderverhältnis wird nach ausdrück- licher Norm auch dadurch begründet, daß Jemand eine verlorene Sache zwar zuerst entdeckt und nach ihr gestrebt hat, während ein Anderer sie früher an sich nahm (§ 394 a. b. G.B.). Dabei vorausgesetzt, daß der zweite Fund nicht ganz selbständig erfolgte (vgl. Zeiller, II, S. 177).

Die Vorschriften über das Finden verlorener Sachen finden keine Anwendung, wenn Sachen in den Beförderungsmitteln solcher Verkehrsanstalten verloren werden, die gefundene Gegenstände reglementmäßig für die Verlustträger aufbewahren. Unter solchen Umständen kann die Sache als verlorene nicht betrachtet werden (Dernburg, S. 558, Nr. 5; vgl. auch § 978 des deutschen b. G.B.).

Werden verborgene (vergrabene, eingemauerte) Sachen entdeckt (§§ 395, 396 und 397 a. b. G.B.), so kann der Begriff des Finders (im engern Sinne) darauf nur angewendet werden, falls nicht der Eigentümer weiß, wo sich die Sachen befinden. Ist ihm dies bekannt, so kann ein Finderlohn nicht verlangt werden, da ihm durch das Finden kein Dienst geleistet wurde (§ 396). Anders wenn die Sachen ohne Wissen des Eigentümers durch einen Dritten und zwar in unredlicher Absicht verborgen wurden. Es ist jedoch auch denkbar, daß ein Inhaber z. B. der Depositar im Interesse des Eigentümers die Sache verbirgt. In diesem Falle kann vom Eigentümer Finderlohn nicht beansprucht werden, obwohl er nicht wußte, wo seine Sache verborgen war. Zudem kann hier die entdeckte Sache auch dem Inhaber (Depositar) zurückgestellt werden, obwohl die §§ 395 bis 397 nur vom Eigentümer sprechen. Unter allen Umständen muß der Entdecker verborgener Sachen, sofern deren Eigentümer nicht sofort erkennbar ist, die Anzeige an die Behörde erstatten. Eigene Kundmachung seitens des Entdeckers (vgl. § 389) ist auch bei minderwertigen Sachen ausgeschlossen (Zeiller II, S. 179). Auf die Anzeige hin wird gemäß den Vorschriften der §§ 390 bis 392 a. b. G.B. vorgegangen (§ 397 a. b. G.B.).

3. Der Schatzfund (§§ 398 bis 401 a. b. G.B.). Sind verborgene Sachen wertvoll (§ 398 nennt zu eng nur „Kostbarkeiten") und liegen sie bereits so lang im Verborgenen, daß die Ermittelung des Eigentümers von vornherein ausgeschlossen erscheint, so heißen sie Schatz. Für den Erwerb des Schatzes (den das a. b. G.B. unrichtigerweise als Eigentumserwerb durch Zueignung betrachtet) gelten besondere Bestimmungen: es erwirbt ihn nicht ausschließlich der Finder, sondern nur zur Hälfte dieser, zur andern Hälfte der Eigentümer des Grundes, zu dessen Bestandteil der Schatz in gewissem Sinne durch die lange Verbindung geworden ist. Nach § 399 a. b. G.B. fand früher eine Dreiteilung des Schatzes (ein Drittel zum Fiskus) statt; diese Bestimmung wurde jedoch durch das Hofkanzleidekret vom 16. Juni 1846 Nr. 970 J.G.S. (f. Manz bei § 399) aufgehoben. Bei geteiltem Grundeigentum findet eine weitere Teilung der bezüglichen Schatzhälfte statt (vgl. auch § 631 a. b. G.B.). Keinen Anspruch hat der bloße Fruchtnießer (§ 511 a. b. G.B.), noch weniger der Bestandnehmer (§ 1098 a. b. G.B.).

Der Eigentumserwerb am Schatz erfolgt nicht durch Occupation sondern unmittelbar kraft Gesetzes zu Gunsten der hiezu berufenen Personen (a. M. Ofner, S. 68: „Kompromiß zwischen Zueignung und Zuwachs"). Es ist daher Zueignungsabsicht beim Entdecker nicht erforderlich. Hätte jemand den Schatz entdeckt und ein anderer ihn darauf occupiert, so wäre trotzdem ersterer Eigentümer (Dernburg, S. 562). Keineswegs erwirbt Grundeigentümer zunächst nur einen persönlichen Anspruch gegen den Finder auf Herausgabe der Schatzhälfte, sondern sofortiges Eigentum.

Auch der Finder eines Schatzes muß die Anzeige an die Behörde erstatten. Verheimlicht er den Fund, so tritt zwar keine strafgerichtliche Behandlung ein (Hfd. vom 12. Oktober 1821, Nr. 1810 J.G.S.), er verliert jedoch seine Schatzhälfte zu Gunsten des Angebers bezw. des Fiskus (§ 400 a. b. G.B.). Einem sich etwa in der Folge legitimierenden Eigentümer muß der Schatz, solange die Verjährungszeit nicht verstrichen (§ 1478 a. b. G.B.), herausgegeben werden. Die Vorschriften der §§ 390 bis 392 a. b. G.B. finden auf den Schatzfund keine Anwendung (vgl. Zeiller, zu § 398; a. M. Krainz, S. 573). Der Behörde steht es frei, auf die Anzeige hin entsprechende Vorkehrungen und Erhebungen zu treffen. „Als der Glücksgabe unwürdig" (Dernburg a. a. O.) verliert derjenige seinen Anspruch auf den Schatz u. s. w. zu Gunsten des Angebers bezw. des Fiskus, der beim Finden des Schatzes eine (strafgesetzlich oder polizeilich verbotene) unerlaubte (z. B. feuergefährliche) wenn auch nicht auf die Erlangung des Schatzes direkt gerichtete (a. M. Stubenrauch zu § 400) Handlung begangen, oder der ohne Wissen und Willen des Grundeigentümers den Schatz aufgesucht (§ 400 a. b. G.B.).

Schatzfund ist auch in beweglicher Sache denkbar, obwohl das a. b. G.B. nach der Fassung des § 399 daran nicht dachte (Stubenrauch 6. Aufl. I, S. 492; a. M. Krainz, S. 572, Nr. 2).

4. Der Fruchterwerb. An Früchten als neuentstehenden Sachen kann nur ursprünglicher Eigentumserwerb stattfinden (a. M. Randa, S. 372, Ofner, S. 70, welche den Eigentumserwerb von obligatorisch Nutzungsberechtigten als abgeleiteten bezeichnen; desgl. Krainz, S. 575). Nach österr. R. erwirbt nicht nur der redliche Besitzer sondern auch der Fruchtnießer und Pächter die Früchte durch bloße Absonderung (a. M. Randa, a. a. O.), desgleichen auch der nach § 422 a. b. G.B. Überhangberechtigte (Krainz, S. 576). Dingliche Verfügungen über noch unabgesonderte Früchte sind nicht

ausgeschlossen, sofern dem Erwerber die Muttersache zugänglich gemacht wird (Dernburg, S. 564). Der Eigentümer der letzteren kann somit bei einem Andern Eigentum begründen, das bei ihm als selbständiges noch gar nicht bestand.

Dem zum Fruchtbezug Berechtigten fallen auch Früchte und Pflanzen zu, die aus fremdem Samen bezw. fremden Setzpflanzen aufgegangen sind (§ 420 a. b. G.B.: vgl. auch Dernburg, S. 564); desgleichen auch Tierjunge, sollte die Befruchtung auch seitens des Tieres eines Dritten erfolgt sein (§§ 405, 406 a. b. G.B.). Das a. b. G.B. bezeichnet den Erwerb der Früchte seitens des Eigentümers der Muttersache als eine Art des Eigentumserwerbs durch Zuwachs (§§ 404 bis 406, 420).

5. Verarbeitung, Verbindung (§§ 414 bis 416 a. b. G.B.). Das a. b. G.B. spricht hier von „künstlichem Zuwachs" (s. Marg.R. zu § 414) und unterscheidet a) Verarbeitung fremder Sachen, b) Vereinigung fremder Sachen mit eigenen. Der Begriff der Verarbeitung (vom a. b. G.B. aufgefaßt als „Vereinigung der Materie und Form": vgl. § 415 und Zeiller, II. S. 200, 201, 201) ist ein weiterer als der der römischrechtlichen Specifikation. Das österr. R. begreift unter „Verarbeitung" nicht nur die Schaffung einer neuen Species, sondern auch die bloße Umgestaltung, Umformung einer Sache, z. B. auch das Ausbrechen von Getreide (a. M. Krainz, S. 603). „Als Verarbeitung gilt auch das Schreiben, Zeichnen, Malen, Drucken, Gravieren oder eine ähnliche Bearbeitung der Oberfläche" (§ 950 des deutschen B.G.B.), vorausgesetzt jedoch, „daß es der Sache im wesentlichen neue Gestalt und Form giebt" (Dernburg, S. 565, Note 5). Kann die Verarbeitung ohne wesentliche Wertminderung und ohne unverhältnismäßige Kosten wieder rückgängig gemacht werden, so wird dem Eigentümer seine Sache zurückgegeben. Etwaiger Schaden wird von dessen Urheber oder bei beiderseitigem Verschulden sowie auch dann, wenn der Schade durch Zufall entstanden, gemeinsam getragen (§§ 1304, 1311 a. b. G.B., dazu Zeiller, II. S. 201). Ist Zurückversetzung physisch unmöglich oder würde sie eine wesentliche Wertverminderung oder unverhältnismäßige Kosten zur Folge haben, so fällt die Sache in das Miteigentum der Beteiligten, jedoch nicht zu gleichen Teilen, sondern nach Maßgabe des Wertes des Stoffes einerseits, der Arbeit andererseits. Hat die Verarbeitung selbst ebenfalls Stoff geliefert, so erhöht sich hierdurch sein Anteil (Ofner, S. 72). Trifft einen der Beteiligten ein Verschulden, (hat z. B. der Verarbeiter den Stoff sich auf unerlaubte Weise angeeignet oder hat der Eigentümer des Stoffes diesen dem Verarbeiter untergeschoben), so entsteht hierdurch zu Gunsten des andern schuldlosen Beteiligten ein Wahlrecht. Letzterer kann nämlich nach seiner Wahl entweder die hergestellte Sache gegen Ersatz der Verbesserung verlangen oder aber dieselbe dem anderen Beteiligten überlassen und von diesem entsprechende Vergütung für seine Sache bezw. Arbeit verlangen. Der Umfang der Vergütung richtet sich nach dem Grade des Verschuldens (§ 1331 a. b. G.B.). Fällt keinem Beteiligten ein Verschulden zur Last, so steht die Wahl demjenigen zu, dessen Anteil zur Zeit der Auseinandersetzung (Zeiller, II. S. 203) mehr wert ist. Liegt das Verschulden eines Dritten vor, so ist dieser ersatzpflichtig (Zeiller a. a. O.). Kommt eine Auseinandersetzung auf Grund vorstehender Bestimmungen nicht zustande (es verweigern z. B. beide schuldlose Beteiligte die Übernahme der Sache), so ist nach § 843 a. b. G.B. vorzugehen (Ofner, S. 72).

Werden bewegliche Sachen verschiedener Eigentümer zu einer einheitlichen untrennbaren oder nur bei wesentlicher Wertminderung oder mit unverhältnismäßigen Kosten trennbaren Sache verbunden, so tritt Miteigentum der Beteiligten nach dem Verhältnis des Wertes, ein; andernfalls wird jedem Eigentümer das Seinige zurückgegeben. Vorausgesetzt ist in beiden Fällen, daß die verbundenen Sachen nicht im Verhältnis der Hauptsache zur Nebensache stehen. Ist dies der Fall, wie insbesondere dann, wenn fremder Stoff zur Ausbesserung einer Sache verwendet wird, so tritt Eigentumserwerb seitens des Eigentümers der Hauptsache ein, mit gleichzeitiger Verpflichtung, den Wert des fremden Materials zu ersetzen (§ 416 a. b. G.B., ebenso deutsches b. G.B. § 947). Wahlrecht des Schuldlosen bezw. Mehrbeteiligten, desgleichen Haftpflicht des Schuldhaften gestalten sich im Falle der Verbindung wie bei der Verarbeitung (§ 415).

Dieselben Bestimmungen gelten für die Vermengung und Vermischung von beweglichen Sachen verschiedener Eigentümer. Auch durch ununterscheidbare Vermengung von Geld entsteht Miteigentum, sofern das Vermengungsprodukt eine individuell erkennbare Masse bildet (z. B. Vermengung des Geldes mehrerer Mitspieler auf einem Spieltisch oder Vermengung verschiedener bei einem Dritten aufbewahrter Gelder). Anders wenn jemand fremdes Geld mit dem eigenen zwar auch ununterscheidbar jedoch zu keiner abgegrenzten Masse vereinigte (vgl. § 371 a. b. G.B.).

6. **Erwerb durch Bauen** (§§ 417 bis 419 a. b. G.B.). Auch den Erwerb an aufgeführten Bauten bringt das a. b. G.B. unter den Begriff des Zuwachses. Dabei ergeben sich folgende Verhältnisse:

a) Bauführer und Eigentümer des verbauten Materials sind nicht dieselben Personen. Hier wird der Eigentümer des Baues, sei dies der Bauführer und Grundeigentümer (§ 417) oder der Grundeigentümer (419), auch Eigentümer des verbauten Materials; gleichgültig, ob der Bauführer redlich handelte und ob die Materialien trennbar sind. Der Umfang der Ersatzpflicht des Bauführers dem Eigentümer der Materialien gegenüber richtet sich nach dem Maß des Verschuldens des ersteren (§§ 417, 419).

b) Bauführer und Grundeigentümer sind verschiedene Personen. Hier stellt das a. b. G.B. den sich „aus der Achtung für Grund und Boden und der öffentlichen Sorgfalt für die Erhaltung nützlicher Gebäude" (Zeiller, II. S. 206) ergebenden Grundsatz auf, daß das Gebäude (welches übrigens selbständige Bedeutung haben muß; also nicht z. B. eine freistehende Mauer, vgl. Dernburg, S. 568) dem Grundeigentümer zufällt, dem Bauführer jedoch Ersatz zu leisten ist. Dies unbedingt dann, wenn die Bauführung ohne Wissen des Grundeigentümers erfolgte, gleichgültig ob sie eine redliche oder unredliche war. Dieser letztere Umstand ist nur für die Ersatzfrage von Bedeutung, indem dem redlichen Bauführer die notwendigen und nützlichen Kosten zu ersetzen sind, während der unredliche Bauführer als negotiorum gestor behandelt wird. Wußte dagegen der Grundeigentümer von der Bauführung, so kommt es darauf an, ob die Bauführung eine redliche oder unredliche war. Ersterenfalls (das Gesetz übersieht diesen Fall) erwirbt zwar auch der dolos die Bauführung nicht untersagende Grundeigentümer das Gebäude; es können jedoch für die Ersatzfrage die Grundsätze der negotiorum gestio nicht zur Anwendung kommen, da in dem Nichtuntersagen der Bauführung eine stillschweigende Genehmigung derselben liegt. Vielmehr ist eine Art Kompensation der beiderseitigen culpa (nach Analogie des § 1304 a. b. G.B.) anzunehmen, so daß also vorliegenden Falles der unredliche Bauführer gleich dem redlichen den Ersatz der notwendigen und nützlichen Kosten verlangen kann (Stubenrauch, 6. Aufl. I. S. 509, a. M. Krainz. S. 682). Geschah die dem Grundeigentümer bekannte Bauführung redlich, so muß sie seitens desselben dem redlichen Bauführer gegenüber sogleich (d. h. so bald als nach den Umständen möglich) untersagt werden, widrigens letzterer die Abtretung des verbauten Grundes samt den für den Gebrauch des Gebäudes unentbehrlichen Flächen (Dernburg, S. 569, Note 9) gegen Ersatz des gemeinen Wertes verlangen kann (§ 418 a. b. G.B.). Der Eigentumsübergang erfolgt somit nicht ipso jure, wie man nach dem Wortlaut des § 418 annehmen könnte, vielmehr muß der redliche Bauführer auch die Möglichkeit haben, den Bau dem Grundeigentümer gegen Ersatz des Aufwandes zu überlassen. Dem Grundeigentümer gegenüber, der mindestens nachlässig handelte, ist dieses Wahlrecht des redlichen Bauführers vollständig gerechtfertigt. Bis zur Abtretung des Grundes an den Bauführer bezw. Überlassung des Baues an den Grundeigentümer steht Grund und Gebäude im Eigentum verschiedener Personen; der Grundeigentümer kann somit den Bau nicht niederreißen lassen (vgl. Strohal, Zur Lehre vom Eigentum an Immobilien, S. 150 ff., Burckhard, III. S. 394; Krainz, S. 681, 682, welcher obige Anschauung nur teilt, sofern es sich um verbücherte Liegenschaften handelt; a. M. Randa, Eigentum, S. 388, Note 11. Zeiller, II. S. 208 sagt, das Gesetz verurteile den Grundeigentümer zur Überlassung des Grundes).

Übrigens kann dem Grundeigentümer seine Wissenschaft von der Bauführung nur dann schaden, wenn er mußte oder wissen mußte, daß Bauführer für sich bauen wollte (Dernburg, S. 569, Note 9).

7. **Erwerb auf Grund Uferrechtes** (§§ 407 bis 412 a. b. G.B.). Durch natürliche Veränderungen des Laufes fließender Gewässer sowie durch die sonstige Thätigkeit derselben (Abwärtschwemmen von Erdteilen) werden Flächen Landes bloß gelegt bezw. geschaffen, welche sich im allgemeinen als natürliche Erweiterungen der Ufergrundstücke darstellen. Das a. b. G.B. wendet daher auch hier den Zuwachsbegriff an. Im einzelnen ergeben sich folgende Fälle:

a) Es entsteht im Flußbett eine **natürliche Insel**. Ist der Fluß schiff- oder floßbar, so fällt dieselbe, ohne daß es eines besonderen Zueignungsaktes bedürfte, dem Staate zu. Andernfalls ist den Ufernachbarn das Recht verliehen, die Insel in Besitz zu nehmen und unter sich nach Maßgabe der Mittellinie des Flusses sowie der darauf von den Grenzen der Ufergrundstücke gezogenen senkrechten Linien zu teilen. Entsteht zwischen Insel und Ufer eine weitere Insel, so wird die erstere als Uferland betrachtet und deren Eigentümer hat somit die in § 407 verliehenen Rechte. Ipso-jure-Erwerb der Insel seitens der Ufernachbarn (wie nach röm. R.) findet nicht statt. Ein durch Verzicht, Dereliktion oder Verjährung des Zueignungsrechtes erledigter Inselteil kann von den übrigen Beteiligten nach dem Verhältnis ihrer Anteile occupiert werden (Zeiller, II. S. 194). Keine Anwendung finden die Grundsätze des § 407 auf solche inselähnliche Gebilde, welche nicht im bisherigen Flußbette selbst entstehen, sondern durch Austrocknung zeitweise überschwemmten Bodens bezw. durch Teilung des Gewässers in mehrere Arme (§ 408).

b) Ein fließendes Gewässer verläßt aus natürlichen Gründen (a. M. Krainz, S. 687) und zwar dauernd sein bisheriges Bett. Hier hat das neu entstandene Land zunächst als Entschädigung für die durch den neuen Wasserlauf Beeinträchtigten zu dienen (§ 409). „Außer dem Falle einer solchen Entschädigung" haben die Ufereigentümer dasselbe Zueignungsrecht wie im Falle der Inselbildung (§ 410). Das verlassene Bett eines schiff- oder floßbaren Flusses fällt dem Staate zu (§ 287 a. b. G.B.), jedoch ist auch er gemäß § 409 entschädigungspflichtig (Krainz, S. 687).

c) Ein Ufergrundstück vergrößert sich durch allmähliche Erdanspülung. Das angespülte Land fällt von selbst in das Eigentum des Ufereigentümers, sobald es sich über die Wasserfläche erhebt (§ 411). Daran ändert auch der Umstand nichts, daß durch die Anschwemmungen Erdzungen und Halbinseln gebildet werden, welche über die Mittellinie und über die Ufergrenze hinausragen, selbst wenn dieselben in der Folge durch das Wasser abgetrennt werden sollten (Zeiller, II. S. 198).

d) Ein Ufergrundstück vergrößert sich durch Antreibung und Anwachsung eines abgerissenen Stückes fremden Uferlandes. Der Eigentumserwerb seitens des Ufereigentümers tritt erst ein, wenn der Eigentümer des abgerissenen Stückes binnen Jahresfrist dasselbe nicht zurückholt bezw. nicht mittelst Klage zurückfordert. Einer besondern Besitznahme seitens des Ufereigentümers bedarf es nicht. Eigentumserwerb vor der Jahresfrist tritt ein, sobald das angetriebene Stück nicht mehr unterscheidbar ist (Dernburg, S. 572, Note 7). Entschädigungspflicht trifft den erwerbenden Ufereigentümer nicht (Krainz, S. 688; a. M. Windscheid, § 190, Note 1).

8. **Eigentumserwerb durch Ersitzung.** Ununterbrochener redlicher Besitz durch eine bestimmte Zeit hindurch führt zum Eigentumserwerb. Als legislativen Grund der Ersitzung führt Zeiller (VI. S. 192) an, daß sie „den Besitz sichere, die Industrie vermehre, den Beweis des Eigentums erleichtere und die Rechtsstreitigkeiten vermindere". Das a. b. G.B. reiht die Ersitzung nicht unter die Eigentumserwerbsarten ein, sondern betrachtet dieses Institut als allgemeinen Erwerbsgrund aller Rechte, an denen Besitz möglich ist (§ 1455 a. b. G.B.).

Voraussetzungen der Eigentumsersitzung sind:

a) **Rechtlicher Besitz**, d. h. Besitz, welcher rechtmäßig, redlich und echt ist (§§ 1460, 1466 a. b. B.G.). Er muß die ganze Ersitzungszeit hindurch andauern (§ 1460), wird jedoch durch gewaltsame, heimliche oder listige Besitzentsetzungen nicht

unterbrochen, sofern gegen letztere rechtzeitig die Rechtsmittel zur „Erhaltung" des Besitz=
standes (f. Marg.=R. zu § 347) angewendet wurden. Der Besitz muß ferner auf einem
Titel beruhen, welcher an und für sich geeignet ist, Eigentum zu übertragen (z. B. Verkauf,
Schenkung, Darlehen, nicht aber Verpfändung oder Deponierung: § 1462 a. b. G.B.).
Er müßte weiters gegebenen Falles auch wirklich imstande gewesen sein, Eigentum zu
übertragen, falls nur der Vormann Eigentümer gewesen wäre (§ 1461 a. b. B.G.). Ein
anderer Mangel als letzterer, z. B. Dispositionsunfähigkeit des Vormannes oder Nicht=
einhaltung der gesetzlich vorgeschriebenen Form, darf nicht vorhanden sein, widrigenfalls
mangels rechtmäßigen Besitzes die Ersitzung nicht beginnen könnte. Insbesondere ist
Ersitzung auf Grund eines sog. Putativtitels ausgeschlossen (Zeiller, VI., S. 206).
Die Mangelhaftigkeit des Titels geht auf den Erben über; das österr. R. kennt somit
keine usucapio pro herede (§ 1462). Der Besitz muß auch, und zwar im Gegensatz
zum röm. R. die ganze Ersitzungszeit hindurch redlich sein (§ 1463), d. h. der Ersitzende
muß sich für berechtigt halten. Unentschuldbarer Irrtum zerstört die bona fides
(§§ 326, 368, 1493 a. b. B.G.; a. M. v. Schey, a. a. O. S. 75). Wird der Besitz
durch Stellvertreter erworben, so ist in der Regel die fides des Vertretenen entscheidend;
es müßte denn sein, daß letzterer vom Besitzerwerb nichts erfährt oder ganz willensunfähig
ist (Krainz, S. 537; abweichend Zródłowski, Untersuchungen, S. 15 ff.). Das
a. b. G.B. verlangt außer der Rechtmäßigkeit und Redlichkeit auch die Echtheit des
Ersitzungsbesitzes (§ 1464). Neben der Rechtmäßigkeit kann die Echtheit nur ganz aus=
nahmsweise als selbständiges Requisit in Betracht kommen; sagt doch § 345 a. b. G.B.
ausdrücklich, daß unechter Besitz auch stets unrechtmäßig sei (vgl. auch Zeiller, VI.
S. 209). Ein Fall, wo trotz Vorhandenseins eines Titels der Besitz unecht ist, wäre
es z. B., wenn Jemand sich heimlich oder mit Gewalt in den Besitz einer ihm verkauften,
aber noch nicht übergebenen Sache setzen würde. Unechtheit des Besitzes schadet auch den
Erben (§ 1464).

b) Zeitablauf. Das a. b. G.B. unterscheidet zwischen ordentlicher und außer=
ordentlicher Ersitzungszeit. Die ordentliche Ersitzungszeit beträgt beweglichen Sachen
gegenüber drei Jahre (§ 1466). Unbewegliche Sachen werden außerbücherlich in dreißig
Jahren ersessen (§ 1468). Die sog. Tabularersitzung des § 1467 ist durch die Be=
stimmungen des Grundbuchsgesetzes gegenstandslos geworden (f. das Grundbuchsrecht).
Dagegen findet Eigentumserwerb auf Grund des Publicitätsprincipes statt (§§ 61 ff. des
allgemeinen Grundbuchsgesetzes). Eine außerordentliche, längere Ersitzungszeit wird in
folgenden Fällen erfordert:

α) gegen gewisse privilegierte Rechtssubjekte (Fiskus, Kirchen, Gemeinden, erlaubte
Korporationen). Hier verlängert sich die Ersitzungszeit hinsichtlich beweglicher Sachen auf
sechs, hinsichtlich unbeweglicher Sachen auf vierzig Jahre (§ 1472). Die gleiche Be=
günstigung gewährt das Gesetz (§ 1473) auch den mit den obgenannten privilegierten
Rechtssubjekten „in Gemeinschaft stehenden" physischen Personen. Dies muß bei der All=
gemeinheit des Ausdrucks auch gelten, wenn teilbare Rechte Gegenstand der Gemeinschaft
sind (trotz Zeiller, VI. S. 223). Die Begünstigung wird auch dadurch nicht auf=
gehoben, daß Ersitzer selbst privilegierte Person ist (§ 1473). Beim Übergang des Be=
sitzes von einer begünstigten auf eine nicht begünstigte Person erfolgt die Einrechnung der
bereits gegen erstere abgelaufenen Ersitzungszeit nach dem Verhältnisse der Ersitzungszeit
gegen Privilegierte zur Ersitzungszeit gegen Nichtprivilegierte (Spruchrepertorium Nr. 12).
Der Übergang einer Sache von einer nicht begünstigten an eine begünstigte Person kann
selbstverständlich den etwa schon eingetretenen Eigentumserwerb durch Ersitzung nicht mehr
beseitigen (Zeiller, VI. S. 223, 224).

β) Die ordentliche Ersitzungszeit von drei Jahren verdoppelt sich, falls eine be=
wegliche Sache unmittelbar von einem unechten oder unredlichen Besitzer erworben
wurde oder falls der Vormann nicht angegeben werden kann (§ 1476). Damit will das
Gesetz Eigentümer schützen, denen Sachen durch strafbare Handlungen abhanden kommen
(Zeiller, VI. S. 229). Keine Anwendung findet § 1476, falls schon aus einem
anderen Grunde (§§ 1472, 1475) an Stelle der ordentlichen Ersitzungszeit eine ver=

längerte tritt. Desgleichen ist § 1476 unanwendbar, wenn der unredliche Besitzer die Sache durch eine Verfügung von Todeswegen übertrug (Zróblowski, a. a. O. S. 105, 106).

γ) Die „ordentliche" Ersitzungszeit verlängert sich auch gegen solche Eigentümer, welche ohne eigenes Verschulden durch mindestens ein ununterbrochenes Jahr außerhalb des Kronlandes, wo sich die betreffende Sache befindet, abwesend sind. Unter diesen Voraussetzungen wird die Zeit der Abwesenheit nur zur Hälfte gerechnet. Bei einem Ersitzungsbesitze von dreißig Jahren jedoch wird auf die Abwesenheit des Eigentümers, sollte sie auch eine beständige gewesen sein, überhaupt keine Rücksicht genommen. § 1475 findet daher Anwendung nur auf die dreijährige Ersitzungszeit (Zeiller, VI. S. 228, 229, Zróblowski, a. a. O. S. 94 ff.; a. M. Krainz, S. 580, Stubenrauch zu § 2175). Dieser Lösung der alten Streitfrage steht der Gebrauch der Worte „ordentliche Ersitzung" in § 1475 nicht entgegen, da die Redaktoren (wie sich aus den Bemerkungen Zeillers zu den §§ 1466 bis 1468 ergiebt) unter ordentlicher Ersitzung zunächst die dreijährige Ersitzung der §§ 1466 und 1467 verstanden.

Das österr. R. kennt (wie das römische) die sog. accessio possessionis, Einrechnung der Ersitzungszeit des Vormannes. Voraussetzung derselben ist, daß auch beim Vormann vollqualifizierter Ersitzungsbesitz vorhanden war (§ 1493). Gleichgültig ist, ob der Besitzübergang durch Universal- oder durch Singularsuccession erfolgte. Insbesondere kann die Ersitzung auch hereditate jacente vollendet werden. Nicht unter den Gesichtspunkt der accessio temporis gehört es, daß der Besitz für nicht unterbrochen gilt, falls derselbe zufolge Rescission eines Geschäftes oder Eintritt einer auflösenden Bedingung oder eines Endtermines an den früheren Besitzer zurückfällt (a. M. Krainz, S. 590). Ist doch die Beschaffenheit des Zwischenbesitzes für die Frage der Einrechnung ganz gleichgültig.

Nach § 1477 bedarf derjenige, welcher die Ersitzung auf einen Zeitablauf von dreißig bezw. vierzig Jahren stützt, nicht der Angabe, geschweige denn des Beweises eines Titels. Dies bedeutet für die außerbücherliche dreißig- bis vierzigjährige Ersitzung unbeweglicher Sachen (§§ 1468, 1472) lediglich einen Nachlaß des für die Ersitzung in den §§ 1460 und 1461 allgemein aufgestellten Titelerfordernisses (Zeiller, VI. S. 230; Stubenrauch, zu § 1477). Was dagegen die drei- bezw. sechsjährige Ersitzung beweglicher Sachen anbelangt, so bildet dieser gegenüber die Ersitzung gem. § 1477 allerdings einen selbständigen, ergänzenden Typus, welchen man als außerordentliche (Burckhardt, III. S. 138, 150) oder, um die Verwechselung mit der außerordentlichen Ersitzungszeit zu vermeiden, vielleicht besser als uneigentliche Ersitzung bezeichnen kann (Krainz, S. 590). Bei dieser Ersitzung braucht ein Titel nicht nur nicht angegeben zu werden, sondern er braucht gar nicht vorhanden zu sein. Beweis seitens des Gegners, daß ein rechtmäßiger Titel fehlt, schließt die Ersitzung nicht aus (Zeiller, VI. S. 231; Dernburg, S. 406); desgleichen auch nicht der Nachweis der Unechtheit des Besitzes (Burckhard, III. S. 151), wohl aber der Nachweis der Unredlichkeit. Auch bei der Ersitzung des § 1477 findet Einrechnung der Ersitzungszeit des Vormannes statt, sofern dessen Besitz ein redlicher war (§ 1493). Obwohl die historische Wurzel der Ersitzung nach § 1477 in der außerordentlichen Ersitzung des justinianischen Rechtes zu suchen ist, untersteht sie nach österr. R. dennoch nicht den Verjährungs-, sondern den Ersitzungsgrundsätzen (Krainz, S. 591; Dernburg, S. 405), was z. B. für den Zeitpunkt der Ersitzungsvollendung in Betracht kommt (§ 903 a. b. G.B.).

In Anbetracht der Hindernisse der Ersitzung (§§ 1494 ff.) gilt dasselbe wie für die Hindernisse der Verjährung (s. den allgemeinen Teil).

Die Ersitzung bewirkt unmittelbar und von selbst Eigentumserwerb. Letzterer tritt in dem Umfange ein, als besessen wurde.

V. **Schutz des Eigentums.** Der Eigentümer ist gegen Vorenthaltung des Besitzes seiner Sache geschützt durch die eigentliche Eigentumsklage (s. Marg.Rubrik zu § 366 a. b. G.B.), gegen Eingriffe, welche sich als Rechtsanmaßungen darstellen durch die negatorische Klage. Als Ergänzung dieses Schutzes giebt das a. b. G.B. noch die „Eigentumsklage aus dem rechtlich vermuteten Eigentum" actio Publiciana).

1. Die „eigentliche" Eigentumsklage (rei vindicatio: § 366 a. b. B.G.). Sie ist in erster Linie gerichtet auf die Anerkennung des klägerischen Eigentums seitens des Richters. Regelmäßig verlangt sie daneben vom Richter noch die Erlassung des Restitutionsbefehles an den Beklagten. Dieser Befehl entfällt, wenn die Eigentumsklage als Feststellungsklage angestellt wurde, ebenso dann, wenn an Stelle des Restitutions= anspruches andere Ansprüche treten (z. B. § 377 a. b. G.B.).

Klageberechtigt ist der Eigentümer, insbesondere auch der Miteigentümer. Die Klage geht gegen „jeden Inhaber" (§ 366), insbesondere auch gegen Inhaber in fremdem Namen (§ 375), somit gegen alle, welche dem Rückgelangen der Sache an den Eigentümer irgendwie im Wege stehen und zugleich in der Lage sind, die Sache zu restituieren (vgl. Dernburg, S. 600, insbes. N. 6). Wie das röm. R. so gewährt auch das a. b. G.B. dem mit der Eigentumsklage belangten Inhaber im fremden Namen die sog. nominatio oder laudatio auctoris. Sie ist in § 375 a. b. G.B. als prozeßhindernde Einrede gedacht. Einen andern Charakter hat ihr die neue Civilprozeßordnung durch die (der deutschen C.P.O. entnommenen, keineswegs zweckmäßigen: vgl. Ehrenzweig, bei Grünhut, XXV. S. 315) Bestimmungen der §§ 22 bis 24 gegeben.. Hiernach steht es dem Vormann frei, ob er für den Beklagten in den Prozeß eintreten wolle oder nicht. Thut er dies, so bleibt der Inhaber Prozeßpartei. Dieser kann sich jedoch, allerdings vorbehaltlich civil= rechtlicher Schadenersatzverpflichtung, von der Klage durch Befriedigung des klägerischen Anspruchs dann befreien, wenn der Vormann sich der Benennung gegenüber passiv verhält oder die diesbezügliche Behauptung des Beklagten bestreitet. Anerkennt dagegen der Vor= mann das vom Beklagten behauptete Verhältnis, ohne jedoch in den Prozeß einzutreten, so ist Beklagter für den Ausgang des Prozesses nicht weiter verantwortlich; das erfließende Urteil macht aber auch nur ihm gegenüber Rechtskraft. Neben dieser prozeßrechtlichen nominatio auctoris noch eine selbständige materiellrechtliche auf Grund des § 375 a. b G.B. fortbestehen zu lassen (Ehrenzweig a. a. O. und Krainz=Ehrenzweig, S. 696, N. 14a), geht nicht an. Denn da die neue C.P.O. keine Form für die prozeßhindernde Einrede des § 375 aufweist, müßte sich Beklagter in die Verhandlung zur Hauptsache einlassen, was er gerade durch die nominatio vermeiden will.

Zu beweisen hat Kläger seinen Eigentumserwerb, weiters die Passiv= legitimation des Beklagten, insbesondere also die facultas restituendi des letzteren; bei derivativem Erwerbe auch das Veräußerungsrecht des Vormannes, es müßte denn sein, daß ihm der Schutz des redlichen Erwerbes zustatten käme. Häufig wird Kläger, um zu siegen, nur sein stärkeres Recht nachweisen müssen (§ 372 a. b. G.B.). Hat Kläger dar= gethan, daß der den Besitz leugnende Beklagte doch Besitzer sei, so kann er schon auf Grund dieser Thatsache verlangen, daß Beklagter ihm die Sache restituiere (§ 376 a. b. G.B.). Er braucht den Eigentumsbeweis nicht zu führen; allerdings präjudiziert das die Restitution verordnende Urteil auch nicht der Eigentumsfrage. Es steht daher dem früheren Beklagten die Eigentumsklage zu, da ihn die Restitution nur als Strafe für seine Prozeßchikane traf. Kläger kann übrigens auch den Eigentumsprozeß fortsetzen, jedoch nicht zugleich die Besitzabtretung nach § 376 fordern; denn sonst müßte das Urteil auf Restitution lauten, wenn auch der klägerische Eigentumsbeweis mißlungen (a. M. Ehrenzweig, a. a. O. S. 286, N. 16). § 376 bezieht sich nur auf den Fall, daß Beklagter Besitzer im technischen Sinne ist. Wäre er nur Inhaber (z. B. Depositar), so wäre die Herausgabe der Sache für ihn in vielen Fällen keine Strafe (Zeiller, II. S. 151).

Wer eine bewegliche Sache vindiziert, „muß sie durch Merkmale beschreiben, wo= durch sie von allen ähnlichen Sachen gleicher Gattung ausgezeichnet wird" (§ 370 a. b.G. B.). Dieses dem röm. R. entnommene Erfordernis strengen Identitätsnachweises kann für das österr. R. beim Mangel einer actio ad exhibendum nur in abgeschwächter Weise zur Geltung kommen. Es genügen solche „Angaben, aus denen sich ermitteln läßt, um was es sich handelt" (Dernburg, S. 601).

Unter Umständen treten an die Stelle der Eigentumsklage Schadenersatz= ansprüche und zwar in folgenden Fällen:

a) wenn der unredliche Besitzer die Sache vor Erhebung der Eigentumsklage veräußerte (§§ 379, 336 a. b. G.B., Krainz, S. 699, Dernburg, S. 603); selbstverständlich ist der unredliche Besitzer auch ersatzpflichtig, wenn er die fremde Sache verbrauchte oder vernichtete;

b) wenn sich der Nichtbesitzer einer Sache zum Schaden des Klägers betrüglicher Weise für den Besitzer ausgiebt (§ 377 a. b. G.B.). Er haftet für allen Schaden, der daraus entsteht, daß Eigentümer die Klage zunächst gegen einen passiv nicht legitimierten Beklagten anstellt (Prozeßkosten), sowie auch für den Schaden, den die Verzögerung der Einklagung des richtigen Beklagten etwa herbeiführt. Dieser letztere Schaden kann auch im gänzlichen Verluste der Sache bestehen (wenn z. B. inzwischen die Ersitzung vollendet wurde); nur in diesem Falle vertritt die Schadenersatzklage die Vindikation. § 377 findet auch Anwendung, wenn der Inhaber sich für den Besitzer ausgiebt, denn Kläger kann auch hierdurch in einen zweiten Prozeß gedrängt werden, den er erspart hätte, falls er vom Inhaber nicht getäuscht worden wäre (Zeiller, II. S. 152; Stubenrauch, zu § 377; a. M. Krainz, S. 700, N. 29).

In einem andern Falle verwandelt sich die bereits erhobene Vindikation in einen Schadenersatzanspruch u. s. w. dann, wenn Beklagter nach Zustellung der Klage den Besitz der Sache entweder absichtlich fahren läßt (durch Dereliktion oder durch Übertragung) oder ihn durch einen Zufall verliert, den er nach § 338 a. b. G.B. zu vertreten hat. Er muß in diesem Fall die Sache auf seine Kosten zurückverschaffen oder den „außerordentlichen" Wert derselben ersetzen (§ 378 a. b. G.B.). Selbstverständlich kann sich Eigentümer aber auch an den neuen Besitzer bezw. Inhaber halten und sich darauf beschränken, vom früheren Besitzer nur Ersatz des durch die Weiterbegebung der Sache etwa entstandenen Schadens (z. B. Kosten der Rückverschaffung) zu verlangen. Beschreitet er ersteren Weg, so hat er sein Klagebegehren entsprechend abzuändern. Durch Bezahlung des Wertes wird Beklagter Eigentümer der Sache, ohne daß besondere Abtretung des Eigentumsanspruches erforderlich wäre (Zeiller, II. S. 153, 154; Dernburg, S. 604, N. 6, Windscheid, I. S. 581, 582, bes. N. 12; a. M. Krainz, S. 699, N. 25; Stubenrauch, zu § 378, N. 3). Das römisch-rechtliche Verbot der Veräußerung der res litigiosa kennt das röm. R. nicht. Eine solche hat auf den Prozeß keinerlei Einfluß; insbesondere kann der Erwerber der res litigiosa ohne Zustimmung des Gegners nicht in den Prozeß eintreten (§ 234 C.P.O.).

Was den Umfang der Restitutionspflicht des sachfälligen Beklagten anbelangt, so treten zur Rückerstattung der Sache häufig noch Nebenleistungen hinzu, so z. B. Schadenersatz wegen Verschlechterung der Sache, weiters der Ersatz von Früchten. Inwiefern den Beklagten nach diesen Richtungen hin Ersatzverbindlichkeiten treffen, richtet sich vor allem nach der Redlichkeit oder Unredlichkeit seines Besitzes (§ 379 a. b. G.B.). Der unredliche Besitz erscheint als fortgesetzte Beschädigung und verpflichtet daher zum Ersatz jedes Schadens, den die Sache genommen, selbst des zufälligen, vorausgesetzt, daß letzterer die Sache nicht auch beim Eigentümer getroffen hätte. Weiters hat der unredliche Besitzer alle durch den Besitz erlangten Vorteile herauszugeben, insbesondere also Ersatz zu leisten für die gewonnenen Natural- und Civilfrüchte und auch für diejenigen, die der Eigentümer nach seinen Verhältnissen hätte ziehen können und der Sachlage nach offenbar auch gezogen hätte. Für den Umfang der Schadenersatzpflicht in allen diesen Fällen ist maßgebend, daß die mala fides des Besitzers der bösen Absicht, mindestens aber der auffallenden Sorglosigkeit des § 1324 a. b. G.B. gleichsteht; die Haftung erstreckt sich daher auch auf den entgangenen Gewinn und wenn Besitz durch eine strafgesetzlich verbotene Handlung erworben wurde, sogar auf den Wert der besonderen Vorliebe (§ 335 a. b. G. B.; Zeiller, II. S. 80, 81). Der redliche Besitzer haftet bis zur Zustellung der Eigentumsklage weder für die Sache noch für Früchte (§§ 329, 330 a. b. G.B.); insbesondere verbleiben ihm (anders im röm. R.) auch die sog. fructus extantes, d. h. die im Augenblicke der Klagezustellung schon abgesonderten und noch vorhandenen Früchte (vgl. hiezu v. Schey, a. a. O. S. 37 ff.). Civilfrüchte gehören ihm, sofern sie vor Zustellung der Klage fällig waren und in diesem Zeitpunkte schon eingehoben sind. Dagegen kann der vindizierende Eigentümer Herausgabe bezw. Ersatz von Nutzungen, welche vor der Verfallzeit eingehoben wurden, allerdings verlangen. In Bezug auf fällige aber noch nicht eingehobene Civilfrüchte wird der Eigentümer an Stelle des bisherigen Besitzers forderungs= berechtigt und zwar auch sofern es sich um Pacht= und Mietzinsforderungen handelt, denn wenn hier auch eine res inter alios acta vorliegt, so hat sie doch die Sache des Eigen= tums zum Gegenstande (a. M. v. Schey, a. a. D. 59; vgl. auch Krainz=Ehrenzweig, S. 702, N. 15). Nach Zustellung der Klage wird der redliche Besitzer im allgemeinen dem unredlichen gleichgestellt (§ 338 a. b. G.B.); nur ist seine Haftung für den Zufall an die Voraussetzung geknüpft, daß er durch mutwillige Prozeßführung die Herausgabe der Sache verzögerte. Eine weitere in § 338 nicht berührte Einschränkung ist aus der Natur der Sache zu machen: für die sog. fructus percipiendi, welche der Eigentümer ge= zogen hätte, wird nach Zustellung der Klage seitens des vormals redlichen Besitzers nur insoweit gehaftet, als derselbe aus der Klage die conscientia rei alienae erlangt haben muß (anders die herrschende Ansicht, welche den redlichen Besitzer nach der Klagezustellung stets nur für die Früchte haftbar werden läßt, die er nach eigenen Verhältnissen hätte ziehen können: Unger, II. S. 543, Krainz, S. 701).

Als typischer Gegenanspruch gegen die Eigentumsklage erscheint der Anspruch des beklagten Besitzers auf Ersatz von Verwendungen, welche auf die Sache gemacht wurden, somit dem Eigentümer zu Gute kommen (Impensenersatz). Nach der Bedeutung des Aufwandes für die Erhaltung und Werterhöhung der Sache bestimmt sich die bezügliche Ersatzpflicht des Eigentümers. Im übrigen kommt es auch hier auf die Redlichkeit bezw. Unredlichkeit des Besitzes an, obwohl letzterer Umstand für die Frage des Impensenersatzes naturgemäß von geringerer Bedeutung ist wie für den Umfang der Restitutionspflicht. Ersatz des Anschaffungspreises der Sache kann nicht einmal der redliche Besitzer fordern, es müßte denn sein, daß er durch die Anschaffung der Sache dieselbe dem Eigentümer geradezu gerettet hat. In diesem Fall muß der Eigentümer eine „angemessene Vergütung" leisten, welche dem Anschaffungspreis entsprechen, möglicherweise aber auch weniger betragen kann. Der Anspruch darauf geht verloren, wenn dem Besitzer nachgewiesen wird, daß er die Sache in gewinnsüchtiger Absicht, also nicht „redlicher Weise" erworben (§ 333 a. b. G.B.; Zeiller, II. S. 77 ff.). Im übrigen kann der redliche Besitzer den Ersatz des notwendigen und nützlichen Aufwandes verlangen, soweit die Wirkung desselben noch fortdauert; Maximalgrenze für die Höhe des Ersatzes bildet unter allen Umständen der wirklich gemachte Aufwand (§ 331 a. b. G.B.). Impensae voluptuariae werden nur insoweit ersetzt, „als die Sache dem gemeinen Werte nach wirklich dadurch gewonnen hat". Neben diesem Ersatzanspruch hat der Besitzer nach seiner Wahl auch das jus tollendi, welches jedoch nicht zum Schaden der Sache ausgeübt werden darf (§ 332 a. b. G.B.). Kein zulässiges tollere ist es, wenn der Besitzer ohne eigenes vermögensrechtliches Interesse lediglich aus Chikane gegen den Eigentümer Verschönerungen beseitigt, z. B. Gemälde übertüncht. Den unredlichen Besitzer behandelt das Gesetz als Geschäftsführer ohne Auftrag (§ 336 a. b. G.B.). Daß damit eine strengere Behandlung desselben be= absichtigt ist, ergiebt sich aus der Natur der Sache sowie aus den Ausführungen Zeillers (II. S. 208) über den analogen Fall der unredlichen Bauführung. Es kommen somit in Betracht die §§ 1037 bis 1040 a. b. G.B., nicht aber § 1036; denn die Gebarung des unredlichen Besitzers kann nicht als eine „im Notfall" übernommene Geschäftsführung gelten (so ausdrücklich Zeiller, II. S. 82; a. M. Unger, I. S. 87, N. 45, Krainz, S. 704, Stubenrauch, zu § 336). Es ist ihm daher überhaupt nur solcher Aufwand zu ersetzen, der dem Eigentümer „klaren, überwiegenden Vorteil" gebracht hat, also Auf= wand, der für die Erhaltung der Sache notwendig war oder wenigstens eine zweifellose und nicht unbeträchtliche Werterhöhung herbeiführte. Daneben steht auch dem unredlichen Besitzer das jus tollendi zu, wie sich aus § 1040 ergiebt. Impensenersatzrecht des redlichen und unredlichen Besitzers unterscheiden sich daher grundsätzlich dadurch, daß letzterem gegenüber die Frage nach dem Vorteil des Eigentümers strenger beurteilt wird (a. M. v. Schey, a. a. O. S. 65 ff., welcher die aus der Anwendung des § 1036 auf die impensae necessariae des unredlichen Besitzers sich ergebende Begünstigung des letzteren damit erklärt, daß der unredliche Besitzer veranlaßt werden solle, Notwendiges vorzukehren;

f. dagegen Krainz=Ehrenzweig, S. 704, N. 12). Nach der Klagzustellung sind die Impensenersatzansprüche des redlichen Besitzers gleich jenen des unredlichen (§ 338 a. b. G.B.). Die Geltendmachung dieser Ansprüche erfolgt mittelst selbständiger Klage (Widerklage); ein Retentionsrecht (wie das röm. R.) giebt das österr. R. nicht (§§ 334, 471).

Ein specifisches Verteidigungsmittel gegen die Eigentumsklage ist die sog. exceptio rei venditae et traditae, welche das a. b. G.B. im zweiten Satz des § 366 ausdrücklich verleiht. Sie wird jedoch dem gemeinen Recht gegenüber auf den Fall beschränkt, daß der Nichteigentümer im eignen Namen eine Sache (gleichgültig ob er sein Nichteigentum kannte oder sie für die seinige hielt) veräußert, deren Eigentümer er später wird. Nicht unter den Gesichtspunkt der exceptio rei venditae et traditae fallen daher die gemeinrechtlichen Fälle, wo der Eigentümer eine Sache veräußert. Nicht zuständig ist sie im Fall, da jemand als Bevollmächtigter eines anderen unwissentlich seine eigene Sache veräußert (Zeiller, II. S. 132, 133); desgleichen nicht zuständig, wenn der Erblasser eine Sache des Erben veräußert hat und nun letzterer mit der Eigentumsklage auftritt (a. M. Krainz, S. 706). Wohl aber ist die exc. r. v. e. t. demjenigen gegenüber zulässig, der eine Grundbuchsimmobilie veräußerte und tradierte, ohne daß der Erwerber in das Buch kam (Krainz, a. a. O., Randa, Eigentum, S. 392). Die Einrede steht auch dem Universal= und Singularsuccessor des Tradenten entgegen; desgleichen kann von ihr auch der Universal= sowie der Singularsuccessor des Erwerbers Gebrauch machen (a. M. Krainz, S. 70 f.).

2. Die Eigentumsklage aus dem rechtlich vermuteten Eigentum (actio Publiciana). Es ist der nicht glücklichen Benennung dieser Klage sowie auch der nicht einwandfreien Formulierung des § 372 a. b. G.G. gegenüber festzuhalten, daß das a. b. G.B. in den § 372 bis 374 „eine einfache Darstellung des von unbrauchbaren Spitzfindigkeiten gereinigten, wesentlichen Inhalts der publicianischen Klage" geben wollte (Zeiller, II. S. 144). Es handelt sich daher auch nach österr. R. um den Schutz des Ersitzungsbesitzers gegen Schwächerberechtigte, insbesondere also gegen solche, welche unrechtmäßige, unredliche oder unechte Besitzer sind. § 372 spricht allerdings nicht ausdrücklich vom Ersitzungsbesitzer, verlangt jedoch als Grundlage der Klage einen dem Ersitzungsbesitzer gleich qualifizierten Besitz (die Redlichkeit wird nach § 328 a. b. G.B. vermutet). Außerdem kann sich der Klage nach § 372 auch der Eigentümer Schwächerberechtigten gegenüber bedienen; er erspart dadurch den oft schwierigen Eigentumsbeweis. Zu beweisen hat Kläger die Rechtmäßigkeit und Echtheit (a. M. Zeiller, II. S. 145) seines Besitzes, außerdem, wie bei der rei vindicatio (§ 369) die Passivlegitimation des Beklagten. Die Klage geht auf Anerkennung des stärkeren Rechtes des Klägers (ist also eine petitorische) und daneben regelmäßig auf Herausgabe der Sache (als bloße Besitz= und zwar Rechtsbesitzklage wird sie von Burckhard, III. S. 121 ff. aufgefaßt). Schwächer berechtigt ist der Beklagte dann, wenn seinem Besitz die Rechtmäßigkeit oder Echtheit mangelt; weiters kraft positiver Vorschrift (§ 373) dann, wenn er keinen oder nur einen verdächtigen Vormann angeben kann, endlich dann, wenn er die Sache unentgeltlich, Kläger dagegen entgeltlich erworben hat. Ist auch der Besitz des Beklagten rechtmäßig, redlich und echt, also gleichwertig dem Besitz des Klägers (was Beklagter nachzuweisen hat), so muß Beklagter nur weichen, wenn er unentgeltlich, der Kläger entgeltlich erworben hat; außer diesem Fall „gebührt dem Geklagten kraft des Besitzes der Vorzug" (§ 374). Kläger wird auch dann sachfällig, wenn Beklagter dessen Unredlichkeit nachweist, gleichgültig wie beschaffen des Beklagten Besitz ist. Dagegen schließt der seitens des Beklagten erbrachte Nachweis, daß Kläger nicht Eigentümer sei, das Obsiegen des letzteren nicht aus. Hat der Nichteigentümer dieselbe Sache successiv an zwei redliche Besitzer veräußert und übergeben, so macht die zeitliche Priorität des Erwerbes den betreffenden Besitzer noch nicht zum Stärkerberechtigten (Krainz, S. 709, welcher sich jedoch unrichtigerweise auf § 322 a. b. G.B. beruft). Auch Immobilien können Gegenstand der Klage nach § 372 sein und zwar steht diese nicht nur dem sog. Tabularbesitzer gegen den physischen Besitzer zu, sondern auch dem einen physischen Besitzer gegen den andern, endlich auch (allerdings nicht als Löschungsklage, sondern gerichtet auf Besitzeinräumung) dem physischen Besitzer gegen

den Intabulierten (Randa, Eigentum, S. 392, N. 18; Krainz, S. 710, 711 giebt die Publiciana nur dem Tabularbesitzer; Strohal, Eigentum, S. 89, N. 40 schließt sie dem intabulierten Nichteigentümer gegenüber aus).

Was den Umfang der Restitutionspflicht des Beklagten, weiters die Impensenersatzfrage anbelangt, so gilt für die Klage des § 372 dasselbe wie für die Eigentumsklage. Desgleichen finden die Bestimmungen der §§ 375 bis 378 auch für erstere Anwendung.

3. **Die negatorische Klage (§ 523 a. b. G.B.).** Sie wird nicht als Eigentumsklage, sondern als Klage „in Rücksicht der Servituten" (Marg.R. zu § 523) aufgefaßt. Das a. b. G.B. hat somit nur den gewöhnlichsten Fall der a. negatoria, wenn sie sich nämlich gegen die Anmaßung einer Servitut richtet, im Auge. Trotzdem kommt ihr auch im österr. R. ein weiteres Anwendungsgebiet zu, indem sie sich gegen alle die Freiheit des Eigentums beschränkenden Rechtsanmaßungen wendet, vor allem gegen angebliche dingliche Nutzungsrechte (z. B. Fruchtgenuß, Grunddienstbarkeiten), Bestandrechte (auch wenn dieselben nur obligatorischen Charakter haben), Reallasten, Vorkaufs= und Wiederkaufsrechte. Sie dient ferner auch zur Feststellung des Nichtbestandes eines vorgemerkten Rechtes (§ 48 Grundbuch.G.; Art. XXXIX des Einf.G. zur C.P.O.), weiters auch zur Abwehr von Eingriffen, welche Eigentümer auf Grund Nachbarrechtes zu dulden nicht verpflichtet ist. Behördliche Konzession zu einer den Nachbarn schädigenden Anlage schließt an und für sich die a. negatoria nicht aus (a. M. Stubenrauch, 6. Aufl. I. S. 681). Auch die sog. Exscindierungsklage (§ 37 E.O.) kann, sofern sie sich auf das Eigentumsrecht stützt, als Negatoria im weiteren Sinne betrachtet werden (Krainz, S. 711, N. 3). Unzuständig ist dagegen die Klage, wenn es sich um Feststellung des Nichtbestandes rein **persönlicher** Verpflichtungen des Klägers gegen einen solche behauptenden Beklagten handelt (Krainz, S. 712; Dernburg, S. 611). Klageberechtigt ist zunächst der Eigentümer, auch der einzelne Miteigentümer, einer beweglichen oder unbeweglichen Sache, desgleichen auch der Fideikommißbesitzer. Jedoch wird eine analoge Klageberechtigung **auch dem in seinen Befugnissen beeinträchtigten Fruchtnießer, Bestandnehmer, Pfandgläubiger** einzuräumen sein (Dernburg, a. a. O.; a. M. Krainz, a. a. O.; Ofner, S. 91; Stubenrauch, a. a. O.). Passiv legitimiert ist jeder, der sich durch Handlungen oder auch nur durch Worte ein Recht an der Sache anmaßt. Ob in einer Störung zugleich Rechtsanmaßung gelegen, muß mangels ausdrücklicher Erklärung des Störenden, aus den Umständen beurteilt werden. Ist die Störung nur eine einmalige oder offenbar nur eine vorübergehende, so wird regelmäßig kein Anlaß zur Negatoria sein. Keine Voraussetzung der letzteren ist es, daß Beklagter bereits **Rechtsbesitzer** sei. Gehen Beeinträchtigungen, die als Rechtsanmaßungen erscheinen, von Beauftragten aus, so geht die Klage gegen letztere und die Auftraggeber. Der beklagte Beauftragte hat jedoch das Recht der Auktorsbenennung (Ofner, S. 92; vgl. auch deutsche C.P.O. in der Fassung des Ges. v. 17. Mai 1898, § 77; Dernburg, S. 612, N. 11). Zweck der Klage ist Feststellung des Nichtbestandes der vom Beklagten angesprochenen Berechtigung, daneben Beseitigung des Eingriffs sowie Untersagung weiterer Eingriffe oder auch Löschungsbewilligung, endlich Schadloshaltung des Klägers für die durch die Beeinträchtigung entstandenen Schaden. Für den Umfang dieser Schadenersatzpflicht sind die allgemeinen Grundsätze maßgebend. Zu beweisen hat Kläger sein Eigentumsrecht sowie die Rechtsanmaßung seitens des Beklagten, nicht aber den Nichtbestand des angemaßten Rechtes, denn für die Freiheit des Eigentums spricht die Vermutung (§ 324 a. b. G.B.). Sogar dann hat Beklagter den Bestand des behaupteten Rechts zu beweisen, wenn er Besitzer desselben ist (Krainz, S. 713; Zeiller, II. S. 366; Ofner, S. 91; Stubenrauch, 6. Aufl., I. S. 682, anders die früheren Auflagen; vgl. auch Spruchrepertorium Nr. 27). Aus § 324 kann ein Gegenargument nicht entnommen werden, da sich diese Gesetzesstelle nur auf den eigentlichen (heute nicht mehr bestehenden) Aufforderungsprozeß bezieht. Die Negatoria kann auch seitens des Ersitzungsbesitzers gegen Schwächerberechtigte angestellt werden und erscheint dann als negatorische Publiciana. Kläger braucht in diesem Falle nur seinen rechtmäßigen und echten Besitz sowie den rechtsanmaßenden Eingriff

nachzuweisen. Keines Eigentumsbeweises bedarf zudem der als Eigentümer im Grundbuch Eingetragene, welcher schon hierdurch zur Anstellung der Negatoria legitimiert ist.

Die Dienstbarkeiten.

I. Wesen der Dienstbarkeit. Allgemeine Grundsätze. Der Ausdruck „Dienstbarkeit" oder „Servitut" hebt zunächst die passive Seite des Rechtsverhältnisses hervor. In diesem Sinne definiert auch das a. b. G.B. in § 472 die Dienstbarkeit als Verbindlichkeit des Eigentümers, „zum Vorteile eines andern in Rücksicht seiner Sache etwas zu dulden oder zu unterlassen." Von der Seite des Berechtigten genommen ist Dienstbarkeit ein dingliches Recht an fremder Sache, gerichtet auf Beherrschung der letzteren in bestimmter, begrenzter Richtung (Dernburg, S. 677). Nicht erforderlich ist, daß die dienende Sache im Eigentum eines anderen steht; Dienstbarkeiten können auch an herrenlosen Sachen bestehen. Insbesondere werden sie nicht durch Dereliktion der dienenden Sache aufgehoben; sie können jedoch auch an herrenlosen Sachen neu entstehen, so daß sich der nachmalige Eigentümer sofort die Belastung gefallen lassen muß. Auch an Sachen, die nicht im Verkehr stehen, sind Servituten denkbar, soweit nicht die Widmung der Sache im Wege steht (Dernburg, a. a. O.). Wesentlich für den Begriff der Servitut ist die Dinglichkeit; Eigentumswechsel hinsichtlich der dienenden Sache läßt die Dienstbarkeit unberührt. Es kann jedoch der Inhalt einer Servitut auch Gegenstand eines obligatorischen also nur persönlich verpflichtenden Rechtsverhältnisses sein (Zeiller II, S. 291). Mit Rücksicht darauf, ob der Eigentümer der dienenden Sache etwas dulden oder unterlassen muß, teilt man die Servituten ein in affirmative und negative; mit Rücksicht auf die Art ihrer Ausübung in servitutes continuae und discontinuae. Die wichtigste Einteilung ist jedoch die in persönliche und Grunddienstbarkeiten (§ 473), denn hier handelt es sich um Rechtsverhältnisse von ganz verschiedener wirtschaftlicher Funktion. Diese Verschiedenheit zeigt sich auch auf juristischem Gebiete, indem es nur eine sehr beschränkte Anzahl von Principien giebt, die für beide Arten von Dienstbarkeiten Geltung haben (Ofner, Sachenrecht, S. 100, 101, welcher den Grunddienstbarkeiten die „Nießbrauchrechte" als selbständige Kategorie gegenüberstellt).

Für die Servitutenlehre des österr. R. lassen sich folgende allgemeine Grundsätze aufstellen.

1. Die Servitut kann „in der Regel" (§ 482 a. b. G.B.) kein Thun des Belasteten zum Gegenstand haben. Insbesondere ist der Servitutenberechtigte zur Erhaltung und Herstellung der dienenden Sache verpflichtet; es müßte denn sein, daß letztere auch vom Verpflichteten benützt wird. In diesem Falle wird der Aufwand nach dem Maße des Genusses verhältnismäßig von beiden getragen. Jedoch steht es dem Verpflichteten frei, sich der Verpflichtung zur Beitragsleistung durch Aufgeben seines Eigentumsrechtes an der dienenden Sache oder durch Abtretung derselben an den Berechtigten zu entziehen, ohne daß letzterer dagegen Einsprache erheben könnte (§ 483). Der Servitutenverpflichtete ist übrigens schon als Eigentümer der dienenden Sache, regelmäßig zur Mitbenutzung berechtigt und daher zur Beitragsleistung verpflichtet (Zeiller II, S. 305; Stubenrauch, zu § 483). Dies gilt insbesondere auch von der serv. oneris ferendi (§ 487 a. b. G.B.). Er kann sich daher seiner Beitragspflicht durch Enthalten von der Benutzung nicht entziehen (a. M. Krainz, S. 717, Nr. 6).

2. Durch die Vereinigung des Eigentumsrechtes mit der Servitutenberechtigung in einer Person geht letztere regelmäßig (durch Konfusion) unter: nulli res sua servit. Eine Ausnahme besteht für die intabulierte Servitut, welche, sofern sie nicht bücherlich gelöscht wurde, wieder auflebt, falls das herrschende Grundstück weiter veräußert wird (§§ 1446 und 526 a. b. G.B.). Der neue Eigentümer erwirbt die Servitut nicht auf Grund des

Vertrauensprincipes (wie Zeiller II, S. 371 meint), sondern findet eine noch bestehende Servitut vor. Es schadet ihm daher nicht, daß die Konfusion aus dem Buche erhellt.

3. Servituten sind im allgemeinen aktiv und passiv unübertragbar (§ 485 a. b. G.B.). Eine Ausnahme macht der Nießbrauch, welcher gewöhnlich als „der Ausübung nach übertragbar" bezeichnet wird. Indes unterscheidet sich die rechtliche Stellung des Erwerbers, welcher dinglichen Rechtsschutz genießt, in keinem wesentlichen Punkte von der des Fruchtnießers selbst. Selbstverständlich kann aber das Recht des ersteren den Tod des letzteren niemals überdauern (vgl. zu dieser Frage v. Schey, Oblig. Verh. I, S. 204, Nr. 23; mein Pfandrecht, S. 253).

Vielfach wird für das österr. R. auch der allgemeine Satz: servitus servitutis esse non potest aufgestellt (s. z. B. Krainz, S. 718). Derselbe ist jedoch in dieser Allgemeinheit nicht richtig; insbesondere ist Nießbrauch an Servituten denkbar (Windscheid, Pand. I, S. 602, 619; v. Schey, a. a. O., Nr. 24).

II. Arten der Dienstbarkeiten.

1. **Grunddienstbarkeiten.** Diese entstehen durch Verknüpfung der Servitutenberechtigung mit einem Grundstücke „zu dessen vorteilhafteren oder bequemeren Benutzung" (§ 473 a. b. G.B.) und setzen daher zwei Grundstücke voraus, das herrschende und das dienende oder dienstbare (§ 474). Es kann übrigens der Inhalt einer Grunddienstbarkeit, z. B. das Recht des Gehweges, auch einer Person als solcher und zwar mit Wirkung gegen spätere Eigentümer der dienenden Sache eingeräumt werden (Zeiller II, S. 299, welcher solche Servituten im Anschluß an die ältere gemeinrechtliche Doktrin — vgl. Arndts, § 177 — als „unregelmäßige persönliche" bezeichnet). Gegen eine persönliche Beschränkung der Servitut spricht jedoch die Vermutung (§ 479). Die Grunddienstbarkeiten unterliegen folgenden Grundsätzen:

a) Die Dienstbarkeit muß einem dauernden Bedürfnisse des herrschenden Grundstücks, nicht nur einem solchen des einzelnen Eigentümers entsprechen; desgleichen muß das dienende Grundstück kraft seiner dauernden Beschaffenheit dem herrschenden zu dienen geeignet sein (Erfordernis der causa perpetua). Nicht berührt wird die Servitut jedoch dadurch, daß sie vielleicht einem einzelnen Eigentümer des herrschenden Grundstücks aus speciellen Gründen keinen Vorteil bietet (Krainz, S. 719), oder daß das dienende Grundstück vorübergehend (etwa zufolge Überschwemmung) seine Dienste nicht leisten kann. Das Erfordernis der causa perpetua fällt selbstverständlich hinweg, wenn eine persönliche Dienstbarkeit mit dem Inhalte einer Grunddienstbarkeit bestellt wird (s. oben). Da es sich somit bei den Grunddienstbarkeiten um Bedürfnisse des herrschenden Grundstückes selbst handelt, so bestimmt sich auch das Maß der Servitut nach diesen Bedürfnissen: es müßte denn sein, daß dieses Maß von vornherein besonders festgestellt worden wäre. Erweitern sich die Bedürfnisse des herrschenden Grundstückes (z. B. durch intensivere Wirtschaft), so steigern sich die Ansprüche an die dienende Sache jedoch nie über die etwa ausdrücklich bestimmten Grenzen. Auch braucht sich der Verpflichtete nicht die Mehrbelastung zufolge „außerordentlicher neuer Anlagen" auf dem herrschenden Grundstücke gefallen zu lassen (Dernburg, S. 729). Das Erfordernis der Vicinität gilt für das österr. R. nicht, obwohl nur in seltenen Fällen die Grundstücke nicht benachbart sein werden (es hat z. B. ein hochgelegener Uferbesitzer tief unten das Landungsrecht: Dernburg, S. 725).

b) Ausgenommen den Fall, daß sich die Bedürfnisse des herrschenden Grundstückes steigern, „dürfen Servituten nicht erweitert, sie müssen vielmehr, insoweit es ihre Natur und der Zweck der Bestellung gestattet, eingeschränkt werden" (§ 484 a. b. G.B.). Damit ist gesagt, daß falls die Ausübung einer Grunddienstbarkeit innerhalb der Grenzen der derzeitigen Bedürfnisse des herrschenden Grundstückes in mehr oder weniger belastender Weise geschehen kann, der Belastete möglichste Schonung seiner Interessen verlangen kann (civiliter uti). Daher wird z. B. seitens des Belasteten der den Gegenstand der Dienstbarkeit bildende Weg auch gegen den Willen des Berechtigten verlegt werden können, falls dies ersterem nützt und letzterem nicht schadet (Krainz, S. 720; Dernburg, S. 728; a. M. Stubenrauch zu § 484).

c) Der Bestand einer Grunddienstbarkeit lähmt nicht die bezügliche Eigentumsbefugnis des Belasteten; er kann noch weitere gleichartige Dienstbarkeiten bestellen, darf jedoch die älteren Rechte Dritter nicht schädigen (§ 486 a. b. G.B.). Der vorangehende Pfandgläubiger ist durch seine Priorität hinlänglich sichergestellt (vgl. § 150 E.O. und Stubenrauch zu § 486).

d) Grunddienstbarkeiten sind **unteilbare** Rechte (§§ 485, 844, 847 a. b. G.B.) d. h. sie belasten das **ganze** dienende Grundstück und sind mit dem **ganzen** herrschenden verknüpft; sie können für einen Teil des einen oder anderen Grundstückes weder erworben noch verloren werden und bestehen nach reeller Teilung des herrschenden oder dienenden Grundstückes für alle Teile fort, es müßte denn sein, daß sie von vornherein auf bestimmte Teile des herrschenden Grundstückes beschränkt waren. Die Grunddienstbarkeit kann übrigens durch Verjährung bezüglich eines Trennstückes erlöschen, bezüglich des andern fortbestehen (ohne daß man deshalb mit Randa eine Spaltung in mehrere selbständige Servituten annehmen müßte). Durch willkürliche Vergrößerung des herrschenden Grundstückes wird die Servitut nicht erweitert, ebensowenig durch Vergrößerung des dienenden; wohl aber kann die Verkleinerung des herrschenden oder dienenden Grundstückes den **faktischen** Bestand der Servitut beeinflussen (Stubenrauch zu § 485). Der einzelne Miteigentümer kann keine Grunddienstbarkeit bestellen und sich auch nicht eine solche bestellen lassen. Ebensowenig ist die Bestellung einer Grunddienstbarkeit denkbar, falls der Alleineigentümer des herrschenden zugleich Miteigentümer des dienenden Grundstücks ist, ebenso dann, wenn der Alleineigentümer des dienenden zugleich Miteigentümer des herrschenden Grundstücks ist (Krainz, S. 720, 721). Dagegen erlischt eine bestehende Servitut dadurch nicht, daß der Eigentümer des herrschenden Grundstückes Miteigentümer des dienenden wird oder umgekehrt (Arndts, a. a. O., Windscheid, S. 628, Nr. 18). Wirkungslos ist der Verzicht einzelner Miteigentümer auf die Servitut (Krainz, a. a. O.).

Die einzelnen Arten der Grunddienstbarkeiten. Die Reihe der Grunddienstbarkeiten ist keine geschlossene; neue Bedürfnisse schaffen neue Arten. Der Übersichtlichkeit halber teilt das österr. R. (§ 474) die Grunddienstbarkeiten dem röm. R. entsprechend in Feld- und Hausservituten: entscheidend ist die Beschaffenheit des **herrschenden** Grundstückes (§ 474). Die wichtigsten **Feldservituten** sind:

a) **Wegegerechtigkeiten** (§ 477 Ziff. 1 a. b. G.B.) und zwar α) das Recht des **Fußsteiges**, welches nur zum Gehen und Sichtragenlassen durch Menschen berechtigt (§ 492), nicht aber (wie nach röm. R.) zum Reiten (§ 493); ebensowenig zum Radfahren; β) das Recht des **Viehtriebes**, welches zum Treiben freigelassenen (ungekoppelten) Viehes sowie zum Gebrauch eines Schiebkarrens berechtigt; nicht aber zum Fahren mit bespannten Wagen oder zum Schleifen schwerer Lasten (§ 493); γ) das Recht des **Fahrweges**, welches zum Fahren „mit einem oder mehreren Zügen" nicht aber zum Treiben ungekoppelten Viehes berechtigt (§ 493). Die dem Berechtigten zu gestattende Breite des Weges richtet sich nach „dem nötigen Gebrauche und den Umständen des Ortes". Wird der Weg zufällig (z. B. durch ein Elementarereignis) unbrauchbar, so muß inzwischen „ein neuer Raum angewiesen werden" (§ 495). Eine besondere Art der Wegegerechtigkeit ist das Peagerecht der Eisenbahnen.

b) **Wassergerechtigkeiten** (§ 477 Ziff. 2). Hierzu gehört α) das Recht, **Wasser zu schöpfen**, welches naturgemäß auch den Zugang zu demselben gestattet (§ 496); β) das Recht der **Viehtränke**, welches zugleich zum Zutrieb des Viehes berechtigt; γ) das Recht der **Wasserzu- und ableitung**, welches zur Herstellung der nötigen Anlagen auf dem dienenden Grundstücke (auf Kosten des herrschenden Grundes) berechtigt (§ 497).

c) **Weidegerechtigkeiten** (§ 477 Ziff. 3). Der Inhalt des Weiderechtes, d. h. des Rechtes, das zum landwirtschaftlichen Betriebe des herrschenden Grundstückes gehörige Vieh auf fremdem Grunde weiden zu lassen, richtet sich zunächst nach den Verfügungen bei Bestellung der Servitut. In zweiter Linie ist nach § 498 der ruhige dreißigjährige Besitz zu schützen. Mangelt auch dieser Anhaltspunkt, so sind die vom a. b. G.B. in den §§ 499 bis 502 gegebenen Vorschriften anzuwenden. Diese beziehen sich α) auf die Gattung des aufzutreibenden Viehes (§ 499). Aufgetrieben dürfen werden alle Gattungen von Zug=, Rind= und Schafvieh, nicht aber Schweine und Federvieh, desgleichen auch nicht Ziegen in waldige Gegenden. Unreines, krankes und selbstverständlich (§ 485) auch fremdes Vieh ist von der Weide ausgeschlossen. Was β) die **Anzahl** des Triebviehes anbelangt, so ist zunächst die Mittelzahl der letzten drei Jahre maßgebend. Ist diese nicht festzustellen, so entscheidet die Beschaffenheit der Weide. Der Berechtigte darf jedoch, falls das herrschende Grundstück Futter erzeugt, nicht mehr Vieh auftreiben, als er mit dem erzeugten Futter „durchwintern" kann. Säugevieh zählt dabei nicht mit (§ 500). γ) Die **Triftzeit** richtet sich nach dem Ortsgebrauche (§ 501). δ) Hinsichtlich des **Maßes des Weidegenusses** bestimmt § 502, daß der Berechtigte weder Gras mähen noch den Eigentümer des dienenden Grundstückes von der Weide ausschließen darf. Selbstverständlich ist ihm auch jede Beschädigung des Weidegrundes untersagt, weshalb er unter Umständen einen Hirten zur Hütung des Viehes bestellen muß (§ 502). Bei zufälliger Verminderung der Substanz muß, falls die Anzahl des Triebviehes bestimmt ist, der Eigentümer des dienenden Grundstückes zurückstehen; andernfalls haben sich Berechtigter und Verpflichteter verhältnismäßig einzuschränken (Zeiller II, S. 327). Nach den Grundsätzen des § 502 ist auch die sogenannte **Koppelweide**, sofern sie sich als wechselseitige Weideservitut darstellt, zu beurteilen (Zeiller, a. a. O.).

d) **Waldgerechtigkeiten** (§ 477 Ziff. 4). Zu unterscheiden ist das Holzungsrecht von dem Rechte auf Nebenprodukte des Waldes (Lese=, Mast=, Streugerechtigkeit). Auf alle sind die Vorschriften über das Weiderecht anzuwenden (§ 503). Zugleich sind die Normen des Forstgesetzes vom 3. Dezember 1852 maßgebend (Krainz, S. 725, 726; Stubenrauch zu § 503, Nr. 4).

e) **Rechte auf gewisse mineralische Erzeugnisse** (§ 477 Ziff. 6) und zwar das Recht, Steine zu brechen, Sand zu graben, Kalk zu brennen. Auch für diese Gerechtigkeiten dient das Weiderecht als Muster (§ 503).

§ 477 Ziff. 5 nennt als Grunddienstbarkeit auch das Jagd= und Fischereirecht. Nach heutiger Auffassung, insbesondere mit Rücksicht auf die Jagd= und Fischereigesetzgebung, kann diesen Rechten nur ausnahmsweise (z. B. bei vertragsmäßiger Einräumung und Intabulierung des Jagdrechtes) Servitutencharakter zugesprochen werden.

Die **Hausservituten** (auch Gebäudeservituten genannt), deren wichtigste das a. b. G.B. in den §§ 475 und 476 aufzählt, setzen entweder eine besondere bauliche Einrichtung der herrschenden Sache voraus (Dernburg, S. 745), z. B. die s. oneris ferendi, die s. tigni immittendi, das Fensterrecht, die s. protegendi (projiciendi), so daß der definitive Wegfall dieser Einrichtung den Untergang der Dienstbarkeit zur Folge hat. Andere Gebäudeservituten sind unabhängig von der Erhaltung des Gebäudes, z. B. die s. ne luminibus oder ne prospectui officiatur, welche auch einem freien Platze zu Gute kommen können. In diesen Fällen erlischt die Dienstbarkeit nicht ohne weiteres mit der Niederlegung des Gebäudes (Dernburg, a. a. O.). Im einzelnen ist zu bemerken, daß dem allgemeinen Principe des § 483 entsprechend auch bei der s. oneris ferendi, tigni und fumi immittendi der Belastete verhältnismäßig zur Erhaltung seiner Mauer, Säule, Wand, seines Schornsteines beitragen muß; nicht aber ist er verpflichtet, wenn er die Mauer ausbessert oder herstellt, das herrschende Gebäude zu stützen oder den Schornstein des Berechtigten zu reparieren (§ 487). Das **Fensterrecht**, welches in der Befugnis besteht, in der dem Nachbarn gehörigen oder mit ihm gemeinschaftlichen Mauer ein Fenster anzubringen (Zeiller II, S. 311), giebt nur Anspruch auf Licht und Luft, nicht aber auf Aussicht. Der Berechtigte hat die Öffnung zu verwahren und kann angehalten werden, das Fenster zu vergittern (§ 488). Wer das **Recht der Dachtraufe** hat, darf Regenwasser (aber nur dieses) von seinem Dache auf das fremde tropfen oder in Rinnen fließen lassen. Erhöht der Berechtigte sein Dach, so darf die Servitut nicht lästiger werden. Ist Schnee so reichlich gefallen, daß er den Wasserabfluß erheblich steigern würde, so muß der Berechtigte denselben rechtzeitig hinwegräumen. Desgleichen obliegt ihm die Erhaltung der Abflußrinnen (§ 489). Das Recht zur **Ableitung des Regenwassers** vom Dache des Verpflichteten auf den Grund des Berechtigten verpflichtet den Berechtigten allein, die Auslagen für die nötigen

Anlagen (Rinnen 2c.) zu tragen (§§ 490, 483). Sind Gräben oder Kanäle erforderlich, so muß der Berechtigte sie decken und reinigen (§ 491).

2. **Persönliche Dienstbarkeiten** (Personalservituten). Diese sind dingliche Nutzungsrechte an fremden Sachen, welche einer bestimmten Person zustehen und in der Regel mit deren Tod erlöschen (§§ 473, 529). Zum Gegenstande können sie sowohl unbewegliche als auch bewegliche Sachen haben. Das a. b. G.B. stellt drei Arten von Personalservituten auf: die Fruchtnießung, den „nötigen Gebrauch" und das Wohnungsrecht (§ 478).

a) Die **Fruchtnießung** (Nießbrauch, ususfructus). Sie ist „das Recht, eine fremde Sache, mit Schonung der Substanz, ohne alle Einschränkung zu genießen" (§ 509 a. b. G.B.), setzt daher regelmäßig eine unverbrauchbare (bewegliche oder unbewegliche) Sache voraus (eigentlicher Nießbrauch). Der Fruchtnießer hat das uneingeschränkte Recht auf den **Gebrauch** und die **Nutzungen** der Sache samt „Zugehör" (§ 294 a. b. G.B., Zeiller II, S. 348). Er bezieht „den vollen, sowohl gewöhnlichen als ungewöhnlichen Ertrag" (§ 511), d. h. nicht nur die Früchte, welche die Sache periodisch abzuwerfen pflegt, sondern auch die außerordentlichen Früchte. Sein Bezugsrecht ist jedoch auf den Wirtschaftsertrag beschränkt; er erwirbt daher von einem Windbruch nur soviel, als er von dem gefallenen Holze hätte schlagen dürfen (Krainz, S. 731; Randa, Eigentum, S. 380, Nr. 17) und hat keinen Anspruch auf den in der Nießbrauchsache gefundenen Schatz (§ 511). Naturalfrüchte werden durch Separation erworben; die nach beendigter Fruchtnießung noch stehenden Früchte gehören dem Eigentümer, welcher jedoch die darauf verwendeten Kosten dem Fruchtnießer bezw. dessen Erben zu ersetzen hat (§ 519). Die Fruchtnießung kann insbesondere auch dadurch ausgeübt werden, daß die dienende Sache in Bestand gegeben wird; das bezügliche Vertragsverhältnis erlischt jedoch mit dem Nießbrauch. Der Fruchtnießer bezieht auch die während der Nießbrauchszeit fällig werdenden **Civil-früchte** (Pacht und Mietzinse). Werden solche erst nach beendigter Fruchtnießung fällig, so haben Fruchtnießer bezw. dessen Erben Anspruch darauf nach Maßgabe der Dauer des Fruchtgenusses (§ 519). Ist ein Bergwerksanteil Gegenstand des Nießbrauches, so gebührt dem Fruchtnießer der Reinertrag davon (§ 511), nicht nur die Zinsen des letzteren (wie nach preuß. L.R.). Auch in andern Fällen ergiebt sich die Frage, was als Substanz und was als Frucht der Sache anzusehen ist. Entscheidend ist, was der wirtschaftlichen Bestimmung der Sache gemäß deren regelmäßigen Ertrag bildet, wenn sich daraus auch eine wieder ersetzbare oder wenn auch nicht ersetzbare so doch an sich unbeträchtliche Substanzverringerung ergiebt (Dernburg, S. 694). Der Fruchtnießer ist somit zur Gewinnung von Bodenbestandteilen (Steinen, Sand 2c.) jedenfalls soweit berechtigt, als dies das Bedürfnis des Grundstücks selbst erheischt. Im übrigen entscheidet die vom Eigentümer bei letzteren gegebene Bestimmung; der Fruchtnießer darf daher nicht schlechtweg (etwa auf einem voluptuaren Grundstücke) Steinbrüche oder Schotterbrüche anlegen (a. M. offenbar Krainz, S. 731). Analoges gilt vom Holzbezugsrecht des Fruchtnießers. Dasselbe steht nur zu, soweit das Grundstück zur Holzgewinnung bestimmt ist und muß unter allen Umständen nach forstmäßigen Grundsätzen ausgeübt werden (§ 511). Dürre Äste sowie abgestorbene Bäume kommen dagegen dem Fruchtnießer schlechtweg zu (Dernburg, S. 696). Mit der entwickelten Auffassung stimmt überein, daß für Wertverringerungen, die sich nur aus dem rechtmäßigen Genusse ergeben, der Fruchtnießer nicht verantwortlich ist, wohl aber für schuldbare Deteriorierung (§ 513). Vergütung für **Verbesserungen** (sog. Meliorationskosten) kann er wie ein Geschäftsführer ohne Auftrag fordern, sofern ihm nicht das jus tollendi. zusteht. Unter allen Umständen kann er jedoch nur Vergütung für noch bestehende (a. M. scheinbar Krainz, S. 731; richtig Stubenrauch, a. a. O., S. 675) Verbesserungen beanspruchen, welche auch für den Eigentümer nach dessen Verhältnissen eine wirkliche Wertsteigerung bedeuten (§ 517 in Verbindung mit § 1037 a. b. G.B.) und welche nicht den Charakter einer wesentlichen Veränderung der Nießbrauchsache tragen (§ 1038). Andernfalls kann Beseitigung auf Kosten des Fruchtnießers (allenfalls auch vor Endigung des Nießbrauchs) bezw. Entschädigung verlangt werden. Von **Bauführungen** auf dem dienenden Grunde gilt Folgendes. Werden Bauführungen notwendig, indem die alten Gebäude baufällig oder durch Zufall vernichtet wurden, so sind Eigentümer und

Fruchtnießer lediglich **berechtigt**, dieselben vorzunehmen, in erster Linie der Eigentümer, dem daher der Fruchtnießer die Notwendigkeit der Bauführung anzeigen muß. Kann oder will der Eigentümer den Bau nicht führen, so ist der Fruchtnießer dazu berechtigt. Führt der Eigentümer auf die Anzeige hin den Bau, so kann er vom Fruchtnießer „nach Maß der dadurch verbesserten Fruchtnießung" Vergütung der Zinsen des verwendeten Kapitales verlangen, höchstens also das gesetzliche Zinsenausmaß von 5%, allenfalls auch weniger (Zeiller II, S. 350; Stubenrauch, a. a. O. S. 673). Führt der Fruchtnießer den Bau, so kann er nach beendigtem Nießbrauch wie ein redlicher Besitzer Ersatz des Aufwandes verlangen (§§ 331, 332 a. b. G.B.); die Zinsen des verwendeten Kapitals verliert er mit Rücksicht auf den erlangten Vorteil (Zeiller II, S. 351). Der Fruchtnießer kann jedoch die Bauführung auch seinerseits unterlassen und sich wegen Vergütung der „vermißten Fruchtnießung" an den Eigentümer halten. Bei Bemessung dieser Vergütung sind die Zinsen, zu deren Zahlung der Fruchtnießer verpflichtet gewesen wäre, falls Eigentümer den Bau geführt hätte, in Betracht zu ziehen (§§ 514, 515). Nützliche Bauführungen braucht sich der Fruchtnießer nur gegen volle Entschädigung gefallen zu lassen (§ 516).

Den Rechten des Fruchtnießers stehen eine Reihe von Verbindlichkeiten gegenüber, welche im röm. R. durch eine besondere Kaution (cautio usufructuaria) sichergestellt wurden, während sie im heutigen Rechte dem Fruchtnießer als gesetzliche Pflichten obliegen. Nach österr. R. kann nur bei sich äußernder Gefahr „Sicherstellung der Substanz" durch Bürgschaft oder Pfand (§ 1343 a. b. G.B.) verlangt werden. Wird diese nicht geleistet, so kann der Eigentümer entweder die gerichtliche Verwaltung der Nießbrauchsache (§§ 382 Ziff. 2, 383 E.O.) begehren oder beantragen, daß letztere ihm gegen eine billige Abfindung überlassen werde (§ 520 a. b. G.B.). In diesem letzteren Falle erlischt der Nießbrauch.

Gesetzliche Verpflichtung des Fruchtnießers ist es vor allem, „die dienstbare Sache als ein guter Haushälter in dem Stande, in welchem er sie übernommen hat, zu erhalten". Er muß daher aus dem Ertrage (jedoch nur so weit als dieser reicht) die nötigen Reparaturen, Ergänzungen des „Zugehörs" (z. B. des Viehstandes) und sonstige nötige Herstellungen bestreiten (§ 513). Er ist weiter verpflichtet, alle auf der Nießbrauchsache haftende Lasten zu tragen. Dazu gehören die öffentlichen Lasten und zwar ordentliche (Grundsteuern) wie außerordentliche (z. B. Einquartierung), weiter die **privatrechtlichen** (z. B. Reallasten). Insbesondere ist er auch dem Eigentümer gegenüber zur Zahlung der Zinsen der intabulierten Kapitalien verpflichtet, jedoch nur insoweit, als diese Zinsenzahlung sonst den Eigentümer treffen würde (Krainz, S. 733 inbesondere Nr. 3). Überhaupt ist die Übernahme privatrechtlicher Lasten dadurch bedingt, daß dieselben schon zur Zeit der Entstehung des Nießbrauchs hafteten. Anders bei öffentlichen Lasten, welche jedoch nur insoweit vom Fruchtnießer zu tragen sind, „als sie aus den während der Dauer der Fruchtnießung gezogenen Nutzungen bestritten werden können" (§ 512), eine Beschränkung, welche für die privatrechtlichen Lasten nicht besteht. Zur (vorschußweisen) Berichtigung von fälligen eingetragenen Kapitalien ist jedoch Fruchtnießer auch dann nicht verpflichtet, wenn sie ihm im Range vorgehen. Selbstverständlich treffen ihn jedoch die Kosten für die Erzielung der Früchte (§ 512). Die Prämien einer bereits vom Eigentümer genommenen Versicherung hat der Fruchtnießer zu zahlen; letzterer ist jedoch zur Versicherung, falls solche noch nicht bestände, nicht verpflichtet. Trägt der Fruchtnießer die Versicherungskosten, so muß Eigentümer die Versicherungssumme zur Wiederherstellung der zerstörten Objekte verwenden (vgl. Dernburg, S. 700, Nr. 6). Nach beendigtem Nießbrauch trifft den Fruchtnießer die Verpflichtung zur Rückstellung der Nießbrauchsache und Auseinandersetzung mit dem Eigentümer. Wurde ein Inventar errichtet, so erfolgt die Rückstellung auf Grund desselben; andernfalls stellt das Gesetz (§ 518) die Vermutung auf, „daß der Fruchtnießer die Sache samt allen zur ordentlichen Benutzung derselben erforderlichen Stücken in brauchbarem Zustande von mittlerer Beschaffenheit erhalten habe". Fruchtnießer hat zu beweisen, daß weniger, Eigentümer, daß mehr geleistet wurde. Die Auseinandersetzung hinsichtlich der Nutzungen ist in § 519 geregelt (s. darüber oben).

Obwohl der Nießbrauch mit Rücksicht auf das Erfordernis der Erhaltung der Substanz regelmäßig eine unverbrauchbare Sache voraussetzt, so hat man seinen Begriff doch auch auf das Ziehen der Nutzungen verbrauchbarer Sachen angewendet (sog. uneigentlicher Nießbrauch quasiususfructus). Die Elemente dieser Begriffsbildung fand man im eigentlichen Nießbrauch, der auch unter Umständen einen allerdings beschränkten Substanzverbrauch mit sich bringt (z. B. Schlagen von Holz, Gewinnung von Bodenbestandteilen). Zudem zwang die Möglichkeit der Bestellung eines ganzen Vermögens zum Fruchtgenuß dazu, den Begriff des letzteren auf Sachen und Rechte überhaupt auszudehnen. Die Fruchtnießung verbrauchbarer Sachen, welche im praktischen Leben wohl nur als letztwillige Zuwendung des Nießbrauchs eines Kapitals oder eines ganzen Vermögens vorkommt (v. Schey, Oblig. B. I, S. 52), besteht darin, daß der Berechtigte Eigentümer der Sachen wird, jedoch verpflichtet ist, nach Beendigung des Nießbrauchs dieselbe Quantität und Qualität von Sachen bezw. deren Wert herauszugeben (a. M. Krainz, S. 735, 736, Stubenrauch, a. a. O., S. 668, welche meinen, daß regelmäßig nur der Wert zu restituieren sei). Mit barem Gelde kann er frei verfügen (§ 510). Vom Darlehen unterscheidet sich der uneigentliche Nießbrauch durch die wirtschaftliche Funktion: in ersterem Falle Kreditgeschäft, im zweiten Falle Nutzungsgewährung jedoch mit Heimfall der Sache an eine andere Person (v. Schey, a. a. O., S. 53). Letzterenfalls sind daher die Grundsätze vom Nießbrauch (z. B. Erlöschung des Verhältnisses durch den Tod) soweit als thunlich anzuwenden. Wird Fruchtgenuß an einem zinstragend angelegten Kapitale bestellt, (z. B. an Hypotheken oder an Obligationen), so können nur die Zinsen beansprucht werden (§ 510); die Substanz ist wie beim eigentlichen Fruchtgenuß unantastbar. Kündigung und Einziehung des Kapitals sowie Neuanlage desselben ist nur mit Einwilligung des Fruchtnießers zulässig (Dernburg, S. 706, 707; Krainz, S. 736, Nr. 10; a. M. Stubenrauch, zu § 510). Sind an sich unverbrauchbare jedoch der Entwertung durch Abnützung unterworfene Sachen (z. B. Kleidungsstücke) Gegenstand des Nießbrauchs, so wird im Zweifel anzunehmen sein, daß letzterer als uneigentlicher bestellt wurde, obwohl ein eigentlicher Nießbrauch an solchen Sachen nicht ausgeschlossen ist (Krainz, S. 736; a. M. Zeiller II, S. 340, Dernburg, S. 688, Nr. 10). Auch an Rechten kann Nießbrauch bestellt werden. Sind es Forderungsrechte, so erhält der Fruchtnießer die freie Verfügung über sie, kann sie also gegen seinerzeitige Rückerstattung einziehen. Der Nießbrauch an einer Aktie berechtigt zum Bezug der Dividenden, verleiht jedoch kein Stimmrecht, verpflichtet aber auch nicht zur Nachzahlung (Dernburg, S. 707, 708). Nießbrauch am Urheberrecht berechtigt je nach Absicht des Bestellers entweder nur zur uneigentlichen Fruchtnießung der eingehenden Kapitalien oder zum Bezuge derselben (Dernburg, S. 710).

b) Der Gebrauch (usus), ein sehr wenig praktisches Recht, unterscheidet sich von der Fruchtnießung nur dadurch, daß er durch die persönlichen Bedürfnisse des Berechtigten beschränkt ist (§ 504). Für das Maß der Bedürfnisse ist Stand, Gewerbe und Hauswesen im Zeitpunkte der Gebrauchsbestellung, nicht aber sonstiges Vermögen des Berechtigen entscheidend. Spätere „wichtige und unerwartete" (Zeiller II, S. 333) Änderungen im Stande oder Gewerbe begründen keinen Anspruch auf ausgedehnteren Gebrauch, wohl aber eine in natürlichen und gewöhnlichen Thatsachen (z. B. Alter, Krankheit, Verehelichung, Familienzuwachs) begründete Steigerung der Bedürfnisse (§§ 505, 506; Zeiller II, S. 334; abweichend, Krainz, S. 737). Der Gebrauch ist schlechthin, auch der Ausübung nach, unübertragbar (§ 507, a. M. Zeiller II, S. 334). Eigentümer ist in der eigenen Benützung der Gebrauchssache nur soweit beschränkt, als er die Gebrauchsberechtigung nicht beeinträchtigen darf. Mit dieser Beschränkung ist er zu Veränderungen der Substanz, desgleichen zur Bestellung weiterer Gebrauchsrechte oder einer Fruchtnießung an derselben Sache befugt. Mit Rücksicht auf dieses Zurücktreten des Gebrauchsrechtes gegenüber den Befugnissen des Eigentümers auferlegt das Gesetz dem letzteren die Tragung der Erhaltungskosten und Lasten der Sache; es müßte denn sein, daß der dem Eigentümer verbleibende Nutzen geringer wäre als seine Kosten, in welchem Falle der Gebrauchsberechtigte den Überschuß zu tragen oder vom Gebrauch abzustehen hätte (§ 508; Zeiller II, S. 335 ff.). Die zur Erzielung der Früchte nötigen Kosten treffen den Gebrauchsberechtigten (Stubenrauch, zu § 508). Für die Kautionspflicht des Gebrauchsberechtigten gelten die Bestimmungen des § 520. An verbrauchbaren Sachen ist Gebrauch nach Analogie des uneigentlichen Nießbrauches möglich.

c) Das Wohnungsrecht (von der römischen habitatio wesentlich abweichend) ist im österr. R. kein selbständiger Typus, sondern stellt sich entweder als Gebrauch oder als Fruchtnießung der bewohnbaren Teile eines Gebäudes dar (§ 521). In ersterer Gestalt bildet es (besonders als Bestandteil von Ausgedingen) den einzigen noch praktischen Fall eines Gebrauchsrechtes. Zu den „bewohnbaren" Teilen des Hauses gehören auch Küche, Keller, Hausboden. Die übrigen Räume stehen dem Eigentümer zur Verfügung, der überhaupt in der Führung der Aufsicht über das ganze Haus nicht gestört werden darf (§ 522).

III. **Erwerb der Dienstbarkeit.** Das österr. R. wendet auch auf den Erwerb von Dienstbarkeiten die Theorie vom titulus und modus adquirendi an. Als Titel nennt es (§ 480) den Vertrag, letztwillige Verfügung, richterliche Bestellung im Teilungsprozeß und die Verjährung (Ersitzung). Als dingliches Recht wirklich erworben wird die Dienstbarkeit nach § 481 „nur" durch die Eintragung, sofern es sich um die Belastung von Grundbuchsrealitäten handelt; sonst (also auch bei außerbücherlichen Immobilien) durch die verschiedenen Arten der Übergabe (§§ 426 bis 428 a. b. G.B.). Die Bestellung einer Grunddienstbarkeit erfolgt gewöhnlich durch vertrags- oder vermächtnisweise Einräumung seitens des Eigentümers der belasteten Sache und Einverleibung des Rechtes im Lastenblatte der letzteren. Auch wenn die Servitut zufolge bestehender Anlagen in die Augen fällt, wirkt sie dennoch ohne Intabulation nicht gegen weitere Eigentümer der belasteten Sache (Exner, Tradition, S. 117, Nr. 57). Sie kann daher auch nur vom eingetragenen Eigentümer bewilligt werden (§ 21 Grundb.G.). Steht die belastete Sache im Miteigentum, so muß die Bestellung der Dienstbarkeit seitens aller Miteigentümer (wenn auch nicht gleichzeitig) erfolgen. Weiters können Grunddienstbarkeiten durch behördliche Verfügung entstehen und zwar nicht nur durch Verfügung des Teilungsrichters sondern auch durch Enteignungserkenntnis der Verwaltungsbehörde (s. oben in der Lehre von der Enteignung), endlich auch durch richterliche Einräumung eines Notweges gemäß Gesetz vom 7. Juli 1896, Nr. 140 R.G.B. (s. oben in der Lehre von den Eigentumsbeschränkungen). Grunddienstbarkeiten können auch ersessen werden und zwar in dreißig bezw. vierzig Jahren (§§ 1470, 1472 a. b. G.B.). Nach § 1477 genügt redlicher Besitz. Kann die bezügliche Dienstbarkeit ihrer Natur nach nur selten ausgeübt werden, so ist vom Ersitzenden zu beweisen, daß der Fall zur Ausübung binnen dieser Zeit (von dreißig Jahren) wenigstens dreimal sich ergeben und er jedesmal dieses Recht ausgeübt habe (§ 1471). Diese Bestimmung ist auch auf die s. non altius tollendi anzuwenden. Wurde zwar das Recht dreimal ausgeübt, liegen aber auch Fälle der Nichtausübung trotz gebotener Gelegenheit vor, so ist es quaestio facti, ob durch letztere Besitz und Ersitzung unterbrochen wurden (a. M. Zróblowski, a. a. O., S. 89). Damit die ersessene Dienstbarkeit auch gegen weitere Eigentümer der dienenden Sache also dinglich wirke, ist Intabulation derselben erforderlich. Nach dem a. b. G.B. (§ 1469) waren Dienstbarkeiten auch Gegenstand der sogenannten Tabularersitzung d. h. eine ungültige Intabulierung führte in den drei Jahren redlichen und rechtmäßigen Besitzes Erwerb der Servitut herbei. An die Stelle dieses Institutes sind nun die Bestimmungen der §§ 61 ff. des Grundb. G. getreten (s. unten das Grundbuchsrecht). Grunddienstbarkeiten an nicht eingetragenen Liegenschaften werden begründet, indem zum Titel noch ein Übergabsakt (Quasitradition) hinzukommt (§ 481). Dieser Übergabsakt besteht entweder im Anbringen der zur Ausübung der Dienstbarkeit nötigen Vorrichtungen oder im Gebrauchmachen von der eingeräumten Befugnis seitens des Berechtigten oder (bei negativen Servituten) darin, daß sich der Verpflichtete dem Verbotsrechte zu unterwerfen erklärt (Exner, a. a. O., S. 120 ff.). Auch durch Ersitzung können Grunddienstbarkeiten an nicht eingetragenen Realitäten erworben werden (§§ 1470 bis 1472). Persönliche Dienstbarkeiten entstehen auf Grund freiwilliger Bestellung, Ersitzung, Gesetzes. Die freiwillige Bestellung erfolgt am häufigsten durch Vermächtnis, jedoch auch durch Vertrag (insbesondere durch Vorbehalt der Servitut bei der Eigentumsübertragung). Erforderlich ist weiters bei Mobilien und nicht eingetragenen Immobilien Übergabe der dienenden Sache, bei Grundbuchsrealitäten Eintragung. Die Ersitzung als Grundlage von persönlichen Servituten richtet sich nach allgemeinen Grundsätzen (§§ 1470 bis 1472). Auf Grund des Gesetzes entsteht die Fruchtnießung des überlebenden Ehegatten gemäß § 757 a. b. G.B., weiter diejenige des Mannes am Heiratsgut (§§ 1227 u. 1228 a. b. G.B.).

IV. Erlöschung der Dienstbarkeiten.

Wie Rechte überhaupt so erlöschen auch Servituten (§ 524) durch Erlaß (Verzicht). Dieser kann unter Lebenden oder letztwillig erklärt werden; er bedarf der Annahme seitens des Belasteten. Erlaß eines Miteigentümers des herrschenden Grundstücks hebt die Grunddienstbarkeit für die übrigen nicht auf; wohl aber bewirkt Verzicht gegenüber einem Miteigentümer des dienenden Grundstücks Erlöschung der Dienstbarkeit. Als Verzicht auf die Dienstbarkeit ist auch aufzufassen die Gestattung solcher Umgestaltung der dienenden Sache, daß die weitere Ausübung der Servitut unmöglich wird (Dernburg, S. 751). Durch Dereliktion des herrschenden Grundstückes gehen die zu Gunsten des letzteren bestehenden Servituten nicht verloren; dies gilt auch von nicht eingetragenen Liegenschaften. Zum Verzicht auf intabulierte Servituten muß Löschung derselben hinzutreten, sonst ist Weitererwerb auf Grund des Publicitätsprincipes möglich (s. Grundbuchsrecht). Erlaß von Servituten bedarf der Zustimmung der Hypothekare nicht (Exner, Hyp.R. S. 222; a. M. Krainz, S. 745 insbesondere Nr. 9). Servituten unterliegen weiters der Verjährung durch Nichtgebrauch (§§ 1479, 1488 a. b. G.B.) und zwar erlöschen sie, gleichgültig, ob sie intabuliert sind oder nicht, durch dreißig- (bezw. vierzig-)jährigen Nichtgebrauch, ohne daß es auf das Verhalten des Belasteten ankommt (§§ 1479, 1485), oder durch dreijährigen Nichtgebrauch, falls der Belastete sich der Ausübung der Dienstbarkeit widersetzt und der Berechtigte es dabei bewenden läßt (§ 1488). Diese letztere Erlöschungsart (durch dreijährigen Nichtgebrauch) ist keine Ersitzung und zwar weder die römische usucapio libertatis noch die Ersitzung des Untersagungsrechtes und zwar deshalb nicht, weil das österr. R. von allen Ersitzungserfordernissen absieht (Zeiller VI, S. 248; a. M. Krainz, S. 749 ff.). Es liegt vielmehr Nichtgebrauch, qualifiziert durch Widerstand des Belasteten, vor. Intabulierte Servituten, welche durch Verjährung erloschen sind, müssen, um nicht auf Grund des Vertrauensprincipes wieder aufzuleben, bücherlich gelöscht werden (§ 1499). Die Verjährung von Grunddienstbarkeiten läuft solange nicht, als das dienende Grundstück Anlagen trägt, in welchen sich der Fortbestand der Servitut verkörpert (Zeiller VI, S. 248; Dernburg, S. 743). Das Recht wird auch durch Ausübung seitens Nichtberechtigter (insbesondere des unredlichen Besitzers) erhalten. Servituten erlöschen weiters durch Eintritt des ihnen gesetzten Endtermines sowie durch Erlöschung des zeitlichen Eigentums des Bestellers. Sind jedoch diese Beschränkungen bei einer intabulierten Servitut aus dem Buche nicht ersichtlich und konnten sie auch sonst dem Singularsuccessor des ursprünglich Berechtigten nicht bekannt sein, so findet Erwerb auf Grund des Vertrauensprincipes statt (§ 527 a. b.G.B.). Wird Jemandem eine Servitut (insbesondere ein Fruchtgenuß) bis zu dem Zeitpunkt eingeräumt, da ein Dritter ein bestimmtes Alter erreicht, so ist diese Bestimmung nicht als Bedingung sondern als Befristung anzusehen, d. h. die Servitut erlischt erst zur bestimmten Zeit, auch wenn der Dritte früher verstorben wäre (§ 528). Ein weiterer Erlöschungsgrund der Servituten ist die Vereinigung von Berechtigung und Verpflichtung in einer Person (Konfusion, beim Nießbrauch Konsolidation genannt). Die Grunddienstbarkeit erlischt, wenn sich Eigentum am dienenden und solches am herrschenden Grundstück in einer Person vereinigen. Ist sie intabuliert, so bleibt sie bis zur Löschung bestehen (§ 1446 a. b. G.B.), kann also vom neuen Erwerber des herrschenden Grundstückes wieder ausgeübt werden (§ 526). Weiters wird die Servitut durch den Untergang der dienenden Sache aufgehoben, die Grunddienstbarkeit überdies auch durch den Untergang des herrschenden Grundstückes. Die Wiederherstellung der dienenden bezw. herrschenden Sache läßt jedoch die Servitut wieder aufleben (§ 525), sofern letztere nicht inzwischen bücherlich gelöscht worden wäre. Wurde die dienende Sache umgestaltet, so wird hiedurch die Servitut, soweit sie noch ausübbar ist, nicht berührt (Zeiller II, S. 369). Auch durch Zwangsversteigerung önnen Dienstbarkeiten untergehen und zwar sind sie nach § 227 E.O. dann aufzuheben, wenn sie dem betreibenden Gläubiger im Range nachstehen (§ 150 E.O.) und in der Verteilungsmasse nicht mehr volle Deckung finden (vgl. Krainz-Ehrenzweig, S. 751, 752). Wegfall von Grunddienstbarkeiten kann sich auch zufolge sogenannter Kommassation (Gesetz vom 7. Juni 1883, Nr. 92 R.G.B. § 16) sowie auch bei Teilung gemeinschaftlicher Grundstücke (Gesetz vom 7. Juni 1883, Nr. 94 R.G.B., § 5) ergeben. Besonderer Erlöschungsgrund für persönliche Dienstbarkeiten ist der Tod des Berechtigten und zwar auch dann, wenn die Servitut auf bestimmte Zeit eingeräumt wurde und diese Zeit im Augenblicke des Todes des Berechtigten noch nicht verstrichen ist (Zeiller II, S. 373). Wohl aber kann die Dienstbarkeit vom Besteller ausdrücklich auf die Erben ausgedehnt werden. Im Zweifel sind nach der gesetzlichen Interpretationsregel des § 529 unter Erben nur die ersten gesetzlichen zu verstehen, gleichgültig ob diese letzteren wirklich Erben werden oder nicht. Der Übergang der persönlichen Servitut auf die Erben des Erstberechtigten stellt sich weder als fideikommissarische Substitution dar (wie Stubenrauch, zu § 529 meint) noch als ursprüngliche und gleichzeitige Bestellung mehrerer Servituten (hinsichtlich der Erben mit Anfangsterminen, vgl. Krainz, S. 747, 748), sondern als Übertragung eines durch den Tod des Erstberechtigten erledigten Rechts auf eine andere Person oder successiv auf mehrere Personen, jedoch nicht in der Weise und mit den Beschränkungen eines Substitutionsvermächtnisses (§ 612 a. b. G.B.). Wird die persönliche Dienstbarkeit einer „Familie" bestellt, so sind darunter (nach § 529) alle, insbesondere auch die derzeit noch nicht geborenen, Familienmitglieder zu verstehen (§ 40 a. b. G.B.; Zeiller II, S. 374). Die einer juristischen Person eingeräumte Personalservitut erlischt, ohne (wie im röm. R.) an eine bestimmte Maximaldauer gebunden zu sein, mit der juristischen Person selbst (§ 529).

V. **Schutz der Dienstbarkeiten.** Der im Rechtsbesitz der Servitut befindliche Servitutenberechtigte hat zu seinem Schutze sowohl gegen den Belasteten als gegen Dritte zunächst die possessorischen Rechtsmittel. Obsiegt er in possessorio, so kann er die Negatoria des Eigentümers der dienenden Sache abwarten, muß jedoch im Negatorienprozesse trotzdem sein Dienstbarkeitsrecht nachweisen (unrichtig Zeiller, II. S. 366, 367; vgl. auch Arndts, § 169, N. 4). Außerdem ist der Servitutenberechtigte auch durch das petitorische Rechtsmittel der Konfessorienklage geschützt (§ 523 a. b. G.B.), welche ihm auch als Rechtsbesitzer zusteht. Aktiv klageberechtigt ist bei Grunddienstbarkeiten nicht nur der Eigentümer des herrschenden Grundstückes, sondern auch der Ersitzungsbesitzer, weiters auch der im Grundbuch als Eigentümer Eingetragene. Andrerseits ist das Eingetragensein kein notwendiges Erfordernis für die Anstellung der Konfessoria. Gegen den bücherlichen Eigentümer ist sie jedoch unzulässig. Jeder Miteigentümer kann konfessorisch klagen, desgleichen auch der Fruchtgenießer, Mieter, Pächter, soweit deren persönliches Interesse berührt ist (a. M. Krainz, S. 754). Bei persönlichen Dienstbarkeiten ist der Gebrauchsberechtigte zur Klage legitimiert. Beklagter ist gewöhnlich der Eigentümer der dienstbaren Sache (nur diesen Fall hebt § 523 a. b. G.B. hervor; Zeiller; II. S. 365). Die Konfessoria geht jedoch auch gegen jeden Dritten, der die Ausübung der Servitut stört oder hindert, so gegen jene, die sich selbst in den Besitz der Dienstbarkeit gesetzt haben; bei persönlichen Dienstbarkeiten, insbesondere gegen diejenigen, welche dem Berechtigten die Detention der dienstbaren Sache widerrechtlich vorenthalten. Auch die Haftung dessen, der den Besitz der dienstbaren Sache fälschlich vorgegeben hat (§ 377 a. b. G.B.), findet analoge Anwendung auf den Konfessorienprozeß. Dagegen sind unanwendbar die Bestimmungen der Fälle des §§ 376 und 378 a. b. G.B. (Krainz, S. 754). Veranlassung der Konfessoria ist gewöhnlich die partielle Störung oder vollständige Hinderung in der Ausübung der Dienstbarkeit, ohne daß darin eine Leugnung des Bestandes der letzteren gelegen sein müßte. Es kann jedoch auch bloße Bestreitung oder Nichtanerkennung einer Servitut genügende Veranlassung zur Anstellung der konfessorischen Klage sein. Letztere erscheint dann als positive Feststellungsklage (§ 228 C.P.O.). Zweck der Klage ist Verurteilung zur Anerkennung der Dienstbarkeit, Behebung der Störung oder Behinderung, unter Umständen (bei persönlichen Dienstbarkeiten) auch Einräumung der Detention der Sache. Zudem kann auch auf Unterlassung künftiger

4*

Störungen bei sonstiger Strafe erkannt werden. Außerdem geht die Konfessoria auch auf gewisse Nebenleistungen, so auf den Ersatz der entgangenen Früchte (nach den für die Eigentumsklage geltenden Vorschriften), desgleichen auf Ersatz sonstigen Schadens (z. B. wegen Deteriorierung der dienenden Sache).

Das Pfandrecht.

I. Wesen des Pfandrechtes. Allgemeine Grundsätze. Das a. b. G.B. bezeichnet das Pfandrecht in § 477 als „dingliches Recht, welches dem Gläubiger eingeräumt wird aus einer Sache, wenn die Verbindlichkeit zur bestimmten Zeit nicht erfüllt wird, die Befriedigung zu erlangen", eine Definition, an welcher nur das Hervorheben der Dinglichkeit auszusetzen ist, da es doch Pfandrechtsformen giebt (z. B. das Forderungspfandrecht), denen Dinglichkeit mangelt. Die verpfändete Sache heißt Pfand und zwar falls sie beweglich ist, Faust- oder Handpfand, falls sie unbeweglich und im Grundbuch eingetragen ist, Hypothek oder Grundpfand (§ 448).

Für das Pfandrecht gelten folgende allgemeine Grundsätze:

1. Der Grundsatz der Accessorietät (§ 449), d. h. die enge Abhängigkeit des Pfandrechtes von der durch dasselbe sichergestellten Forderung. So kann ein Pfandrecht ohne gültige Forderung überhaupt nicht bestehen; es erlischt mit der Tilgung der Schuld (§ 469). In einigen Fällen besteht jedoch eine pfandrechtliche Haftung trotz getilgter Schuld fort (§§ 455, 469, 1500 a. b. G.B.). Pfandrecht für eine ursprünglich ungültige Forderung kann mit dieser konvalescieren. Verpfändung kann auch stattfinden für einen Forderungsteil; auch kann ein Pfand für mehrere Forderungen bestellt werden. Auch unklagbare Forderungen sind pfandrechtlicher Sicherstellung fähig. Selbstverständlich ist Pfandbestellung auch für die Schuld eines Dritten zulässig. Werden betagte, bedingte oder künftige Forderungen pfandrechtlich sichergestellt, so entsteht das Pfandrecht erst mit dem Eintritt des dies, der Bedingung, bezw. mit der Existenz der Forderung. Jedoch äußert das Rechtsverhältnis bereits gewisse Vorwirkungen, so hinsichtlich der Priorität des Pfandrechtes, der Gebundenheit des Verpfänders (mein Pfandrecht S. 109 ff.; a. M. Horn, Rechte als Objekte des Pfandrechtes, S. 20). Zudem ist die künftige Forderung samt ihrem Pfandrecht schon derzeit Gegenstand des rechtlichen Verkehrs (sie kann z. B. afterverpfändet werden; Horn, a. a. O.). Durch Verjährung der Forderung erlischt das Faustpfandrecht so lange nicht, als Gläubiger das Pfand in Händen hat (§ 1483). Die Accessorietät des Pfandrechtes kommt auch darin zum Ausdruck, daß sich dasselbe Veränderungen der Forderung anschmiegt. So erstreckt es sich von selbst auf jene Erweiterungen der Forderung, welche § 912 a. b. G.B. als „Nebengebühren" bezeichnet. Wurde das Pfand jedoch von einem Dritten bestellt, so tritt eine Erweiterung der Haftung durch nachfolgende Rechtsgeschäfte des Schuldners nicht ein (vgl. Deutsches B.G.B. § 1210 und mein Pfandrecht S. 122 ff.). Durch Cession der Forderung gilt im Zweifel auch das Pfandrecht mitübertragen. Dagegen erlischt es im Falle der Novation der Pfandforderung, sofern es nicht ausdrücklich vorbehalten wurde (§ 1378 a. b. G.B.). Mit dem Untergang der Forderung an den Bürgen gem. § 1358 a. b. G.B. geht auch das etwa bestehende Pfandrecht mit über. Desgleichen bewirkt die Ausübung des jus offerendi (§ 462) Übergang von Forderung und Pfandrecht des Oblaten auf den Offerenten (mein Pfandrecht, S. 137 ff.).

2. Der Grundsatz der Specialität, d. h. es können zu Pfändern nur individuell bestimmte Sachen (im weiteren Sinne) bestellt werden; ausgeschlossen ist die sogenannte Generalhypothek am ganzen Vermögen. Keine Ausnahmen vom Specialitätsprincip bilden die Fälle der Verpfändung einer gewissen Veränderungen unterworfenen Sachgesamtheit (Gesamtsache), z. B. eines Warenlagers oder einer Herde; denn Gegenstand des Pfand-

rechtes ist hier von vornherein nach dem Willen der Parteien nicht eine geschlossene Mehrheit individuell bestimmter Sachen, sondern die wirtschaftliche Einheit in ihrer jeweiligen Gestalt (mein Pfandrecht, S. 147 ff.). Ebensowenig bildet das Pfandrecht des Bestandgebers an den eingebrachten Gegenständen eine Ausnahme.

3. Der Grundsatz der **Publizität**. Das allgemeine Princip des österr. Sachenrechtes, daß die Rechtsverhältnisse an Sachen für Dritte möglichst erkennbar sein sollen, äußert sich auf pfandrechtlichem Gebiete in der Regel, daß bewegliche Pfänder übergeben, Pfandrechte an Immobilien verbüchert werden müssen (§ 451).

4. Die sog. **Unteilbarkeit des Pfandrechtes**. Eine solche besteht insofern, als trotz teilweiser Tilgung der Schuld das ganze Pfand bezw. alle verpfändete Sachen forthaften (Ungeteiltheit der Pfandhaftung). Dagegen ist nach österr. R. die Verpfändung des aliquoten Teiles einer Sache zulässig (mein Pfandrecht, S. 173), insofern das Pfandrecht also teilbar. Das Princip der Ungeteiltheit der Pfandhaftung gilt nicht für das Pfändungspfandrecht; hier muß sich Gläubiger unter Umständen eine spätere Einschränkung der Exekution gefallen lassen (§ 41 E.O.). **Gegenstand des Pfandrechtes** kann jede im Verkehr stehende Sache (im weiteren Sinne) sein (§ 448), sofern sie nicht durch gesetzliche Norm dem Pfandrecht entzogen oder diesem nur beschränkt zugänglich ist. Solche Vorschriften bestehen mehrfach aus öffentlich-rechtlichen Gründen, z. B. hinsichtlich der Bezüge öffentlicher Beamter oder der Brandschadenversicherungsbeträge (vgl. die Zusammenstellung bei Manz zu § 448). Zunächst können körperliche Sachen sowie aliquote Teile derselben Gegenstand des Pfandrechtes sein (Sachenpfandrecht). Erfährt die Pfandsache Erweiterungen, so erstreckt sich das Pfandrecht auch auf diese Accessionen; desgleichen auf **Pertinenzen**, mindestens solche, welche im Momente der Verpfändung schon vorhanden waren. Ein abgesondertes Pfandrecht an Accessionen ist ebensowenig wie an reellen Teilen einer Sache denkbar, wohl aber an Pertinenzen. Dagegen kann das zu einer Liegenschaft gehörige Zubehör nur mit der Liegenschaft selbst in Exekution gezogen werden (§ 252 E.O.). Accessorische Rechte gelten als mitverpfändet (z. B. Feldservituten, Reallasten). Das Pfandrecht erstreckt sich auch auf die stehenden **Früchte** und kann in dieser Richtung durch Zwangsverwaltung (§ 97 E.O.) realisiert werden. Soweit dies nicht geschehen ist, kann über separierte Früchte seitens des Eigentümers frei verfügt werden; desgleichen sind sie Gegenstand der Exekutionsführung Dritter, insbesondere jener, welchen nach vorheriger anderweitiger Verpfändung der Liegenschaft nachträglich die Früchte verpfändet wurden (§ 457). Auch **Civilfrüchte** unbeweglicher Sachen sind mitverpfändet (§ 119 E.O.); anders bei beweglichen Sachen (mein Pfandrecht, S. 187 ff.). Die zu Wertpapieren gehörigen und mitübergebenen **Coupons** sind im Zweifel als mitverpfändet zu betrachten. Außerhalb des Pfandnexus liegt der in einer unbeweglichen oder beweglichen Sache gefundene **Schatz**. Das Pfandrecht bleibt an der veränderten Sache (z. B. dem zu Essig gewordenen Wein) fortbestehen, desgleichen an Resten derselben (z. B. der Haut des gefallenen Tieres), nicht aber am Specifikationsprodukt (§ 467 a. b. G.B.). Insbesondere ist auch **Bargeld** Gegenstand des Pfandrechtes und zwar zunächst in der Form normalen Sachenpfandrechtes. Man pflegt jedoch auch im Falle des sog. **pignus irregulare** (z. B. das Bestellen einer Barkaution etwa mit der Verpflichtung des Empfängers zur Zahlung von Zinsen) von wahrem Pfandrecht zu sprechen. Solches ist schon deshalb nicht vorhanden, weil während des bezüglichen Rechtsverhältnisses eine Pfandsache überhaupt nicht existiert (da das Bargeld Bestandteil des Vermögens des Empfängers geworden ist); man müßte denn (mit Pfaff, Geld als Mittel pfandrechtlicher Sicherstellung) die Forderung auf Rückzahlung des Kautionsbetrages als Objekt des Pfandrechtes und letzteres somit als Forderungspfandrecht bezeichnen. Das pignus irregulare besteht daher in anticipativer Deckung künftig etwa entstehender Forderungen des Kautionsempfängers mit der Verpflichtung des letzteren zur Abrechnung und Herausgabe des freigewordenen Restes (mein Pfandrecht, S. 224 ff.; Hanausek, Die Lehre vom uneigentlichen Nießbrauch, S. 166 ff.; a. M. Exner, Kritik, S. 186, dem sich Horn, a. a. O. S. 68 anschließt). Auch **Rechte** sind Gegenstand des Pfandrechtes und zwar in dem Sinn, daß die ihren Inhalt bildenden Befugnisse dem Gläubiger zu dessen Sicher-

stellung überwiesen werden; letztere müssen daher von der Person des Verpfänders trennbar sein (weshalb z. B. der usus nicht verpfändet werden kann). Gegenstand des Pfandrechtes kann somit sein: a) der Nießbrauch u. zw. kann sowohl der Fruchtnießer den ihm zustehenden als auch der Eigentümer einen erst zu begründenden Nießbrauch (ususfructus constituendus) verpfänden (mein Pfandrecht, S. 251). b) Forderungen. Hier erhält der Gläubiger das Recht, im Falle der Nichtzahlung der Schuld die Überweisung der Forderung zur Einziehung oder an Zahlungsstatt zu verlangen (§ 303 E.O.). Unter Umständen kann auch anderweitige Verwertung der Forderung (vor allem durch Verkauf aus freier Hand) stattfinden (§§ 317 ff. E.O.). Gegen Zahlung des Drittschuldners an den Verpfänder stellt sich Pfandgläubiger durch Denuntiation, d. h. Benachrichtigung des ersteren vor der Verpfändung sicher (vgl. § 455 a. b. G.B., dessen Vorschrift, da das Afterpfandrecht eine Art des Forderungspfandrechtes ist, für letzteres überhaupt angewendet werden kann). Eine Art von Forderungspfandrecht begründet auch die Verpfändung von Lebensversicherungspolicen (vgl. Horn, a. a. O. S. 70 ff.). c) Das Pfandrecht. Der Pfandgläubiger kann das Pfand weiterverpfänden und dadurch ein Afterpfandrecht an demselben begründen. Hierzu ist jedoch Übergabe an die Afterpfandgläubiger bezw. Intabulation erforderlich (§ 454 a. b. G.B.). Diese Afterverpfändung enthält zugleich eine Verpfändung der Forderung; Drittschuldner darf, sofern ihm denunziert wurde, bei sonstigem Fortbestand der Pfandhaftung nicht mehr seinem Gläubiger leisten, sondern ist zur gerichtlichen Deposition verpflichtet; es müßte denn sein, daß Afterpfandgläubiger mit der Leistung an den Afterverpfänder einverstanden wäre (§ 455 a. b. G.B.; vgl. auch § 51 Grundb.Ges.). d) Das Urheber- und Patentrecht (vgl. Horn, a. a. O. S. 94). e) Die sog. Besitzrechte (Ersteher-, Kaufrechte; vgl. Horn, a. a. O. S. 89 ff.).

II. Entstehung des Pfandrechtes. Nicht jede Forderung giebt einen Anspruch auf Pfandbestellung, vielmehr muß ein besonderer Pfandrechtstitel vorhanden sein. Als solchen bezeichnet § 449 a. b. G.B. das Gesetz, den richterlichen Ausspruch, den Vertrag und die letztwillige Verfügung. Demgemäß unterscheidet man vertragsmäßiges, gesetzliches und richterliches Pfandrecht. Vertragsmäßiges Pfandrecht bedarf zu seiner Entstehung der Übergabe der Pfandsache an den Pfandgläubiger bezw. der Einverleibung in die öffentlichen Bücher (§ 451 a. b. G.B.). Constitutum possessorium genügt mit Rücksicht auf das Publizitätserfordernis nicht, wohl aber brevi manu traditio. Neben der körperlichen ist auch symbolische Übergabe (durch Zeichen: § 452 a. b. G.B.) zulässig. Als letztere kommt die Übergabe von Urkunden (z. B. des Lagerscheines), von Werkzeugen (z. B. der Schlüssel) sowie die Signierung der Pfandsache in Betracht. Unterläßt der Pfandgläubiger die Bezeichnung, so muß er dem späteren Pfandinhaber weichen. Übersieht ein späterer Pfandrechtsansprecher die Bezeichnung, so kann dies dem Pfandgläubiger nicht zum Nachteil gereichen (Zeiller, II. S. 258). Zur vertragsmäßigen Pfandbestellung ist erforderlich Dispositionsbefugnis des Verpfänders über die zu verpfändende Sache, regelmäßig also Eigentum an letzterer. Es können jedoch auch Sachen, die derzeit noch nicht im Eigentum des Verpfänders stehen, verpfändet werden, so künftige Früchte und Erzeugnisse, weiters Sachen, die ein Dritter dem Verpfänder schuldet, endlich Sachen, die der Verpfänder später auf irgend eine Weise zu erwerben hofft. Pfandrecht entsteht jedoch in allen diesen Fällen erst dadurch, daß die Pfandsache später in das Eigentum des Verpfänders fällt und von diesem übergeben wird (mein Pfandrecht, S. 317 ff.). An die seitens des Erblassers erfolgte Verpfändung einer dem Erben gehörigen Sache ist letzterer nicht gebunden (mein Pfandrecht, S. 331). Selbstverständlich kann eine fremde Sache mit gleichzeitiger oder nachfolgender Genehmigung des Eigentümers verpfändet werden. In den Fällen, wo der Nichteigentümer (gleichgültig, ob er sich für den Eigentümer hält, oder in mala fide ist) eine Sache als eigene verpfändet, steht das österr. R. im Gegensatz zum römischen auf dem Standpunkt, daß redlicher Pfandrechtserwerb wie redlicher Sacherwerb zu schützen ist. Daher bestimmt § 456 a. b. G.B., daß dort, wo die Eigentumsklage gegen den redlichen Erwerber nicht statt hat (§ 367), der Eigentümer der verpfändeten Sache diese nur gegen Schadloshaltung des redlichen Pfandnehmers (d. i.

Bezahlung der Pfandsumme samt etwaigen Nebenforderungen, z. B. Zinsen) sich zurück= verschaffen kann. Von den drei Fällen des § 367 (s. oben im Eigentumsrecht) sind jedoch nicht alle für den redlichen Pfandrechtserwerb anwendbar, jedenfalls nicht der erste (Erwerb in öffentlicher Versteigerung). Wohl aber erklärt die herrschende Lehre die zwei andern Fälle (Erwerb vom Gewerbsmann und demjenigen, dem die Sache anvertraut wurde) für anwendbar, obwohl gegen die Anwendbarkeit des ersteren dieser zwei Fälle erhebliche Be= denken sprechen (s. mein Pfandrecht, S. 355 ff.). Pfandrechtserwerb vom Nichteigentümer findet außerdem auch bei der Verpfändung von Inhaberpapieren sowie im Falle des § 824 a. b. G.B. statt. Durch Ersitzung kann Pfandrecht nicht erworben werden, aber nicht deshalb, weil das Pfandrecht kein Gegenstand des Besitzes ist, sondern vermöge seiner accessorischen Natur, indem noch so lange Innehabung einer Sache im Glauben, sie als Pfand zu haben, nie die erforderliche Verknüpfung mit der Forderung bewirken kann (a. M. Burckhard, III. S. 133). Vom dinglichen Verpfändungsvertrage ist zu unter= scheiden der Vertrag, durch welchen Pfandsicherung zugesagt wird und welcher lediglich einen obligatorischen Anspruch auf Pfandbestellung erzeugt (§ 1368 a. b. G.B.). Ver= pfändung derselben Sache an mehrere ist durch das Erfordernis der Übergabe regelmäßig ausgeschlossen. Möglich wäre jedoch, daß Schuldner die ihm mit Vorbehalt (§ 467 a. b. G.B.) zurückgestellte Pfandsache weiterverpfändet; hier würde zu Gunsten des redlichen späteren Erwerbers das frühere Pfandrecht erlöschen (arg. § 456 a. b. G.B.). Auch das gesetzliche Pfandrecht (s. die Zusammenstellung der gesetzlichen Pfandrechte bei Manz zu § 450) entsteht erst dadurch, daß zum Titel die Erwerbungsart hinzutritt (§§ 499 bis 451). Besondere Betrachtung erheischt das gesetzliche Pfandrecht des Bestandgebers an den ein= gebrachten Fahrnissen (§ 1101 a. b. G.B.). Dieses Pfandrecht entsteht nach der herrschenden Ansicht (s. auch das Hfd. vom 10. April 1837, Nr. 189 J.G.S. bei Manz zu § 1101) mit der Einbringung auf das Bestandobjekt. Damit will jedoch in der Regel nicht mehr ausgedrückt sein, als daß die Priorität des Pfandrechtes vom Momente der Einbringung datiert und nicht von der pfandweisen Beschreibung, daß weiters diese Priorität anderen Gläubigern gegenüber auch ohne vorherige Klageerhebung geltend gemacht werden kann. Andrerseits stellt erst die pfandweise Beschreibung fest, welche Fahrnisse thatsächlich und endgültig Objekt des Pfandrechtes werden, da früher vom Bestandobjekt weggeschaffte Sachen aus dem Pfandnexus ausscheiden. Um diese einfache Art, das Pfandrecht des Bestand= gebers illusorisch zu machen, hintanzuhalten, hat letzterer auch nach österr. R. das sog. Perklusionsrecht (mein Pfandrecht, S. 153; a. M. Krainz, S. 787). Dem Pfandrecht des § 1101 sind nicht nur die dem Bestandnehmer gehörigen, sondern auch die ihm anvertrauten Fahrnisse Dritter unterworfen. Dabei citiert § 1101 den § 367. Es wird daher nur der redliche Pfandrechtserwerb des Bestandgebers geschützt. Wenn somit das Eigentumsrecht Dritter dem redlichen Pfandrechtserwerb nicht schadet, so muß das Pfandrecht des Bestandgebers auch solchen Pfandrechten Dritter vorgehen, die vor der Ein= bringung auf das Bestandobjekt schon hafteten (Judikatenbuch Nr. 103). Wurden die eingebrachten Fahrnisse zu Gunsten anderer Gläubiger versteigert, so ergreift das Pfandrecht deren Erlös. Dieselben Rechte, welche der Bestandgeber gegen den Bestandnehmer hat, stehen auch letzterem gegen seinen Afterbestandnehmer zu. Die Fahrnisse des letzteren haften jedoch auch unmittelbar (nicht als Afterpfand: a. M. Krainz, S. 788) dem ersten Bestandgeber; allerdings nur nach dem Maß seiner Zinsschuld: eine Haftung, die durch Vorauszahlung des Afterbestandzinses nicht beseitigt wird. Unter „Vorausbezahlung" des Zinses ist Zahlung vor Beendigung jener Bestandperiode zu verstehen, für welche der After= bestandgeber den Zins schuldet, gleichgültig ob der Afterbestandzins zu dieser Zeit nach Verabredung oder Ortsgebrauch bereits fällig war oder nicht. Dieser Begriff von „Vor= auszahlung" ergiebt sich aus § 1102 a. b. G.B. und entspricht allein der Tendenz des Gesetzes, den Eigentümer gegen jede Schädigung durch Afterbestandverhältnisse zu sichern (u. M. Krainz, S. 788 und andere). Bringt ein mit der Zinszahlung rückständiger Bestandnehmer seine Fahrnisse auf ein anderes Bestandobjekt, so geht das Pfandrecht des neuen Bestandgebers, sofern dieser redlich ist, vor. Das richterliche Pfandrecht (Pfändungspfandrecht, pignus in causa judicati captum) wird an beweglichen Sachen durch gerichtliche Pfändung im Zwangsvollstreckungsverfahren begründet (§ 253 E.O.). Dieses Pfändungspfandrecht weicht in wesentlichen Punkten vom vertragsmäßigen Pfandrecht ab. Zunächst unterliegt das Pfändungspfandrecht dem besondern Erlöschungsgrunde des § 256 Abs. 2 E.O. (Nichtstellung des Verkaufsantrages innerhalb eines Jahres). Weiters findet auf dasselbe die Norm des § 456 a. b. G.B. über den redlichen Erwerb von Pfandrechten keine Anwendung. Desgleichen giebt es keine Afterverpfändung einer exekutiv gepfändeten Sache (mein Pfandrecht, S. 31 ff.). Endlich kann Pfandrecht auch durch sog. Privatpfändung entstehen. Der Grundeigentümer hat nämlich bei Beschädigung seines Eigentums durch fremdes Vieh das Recht, die seinem Schaden entsprechende Anzahl von Vieh innerhalb seines Grundes zu pfänden, gleichgültig ob den Vieheigentümer oder dessen Organe ein Verschulden trifft oder nicht. Das Pfandrecht des Grundeigentümers erlischt jedoch und es muß Rückstellung des gepfändeten Viehes erfolgen, falls er sich nicht innerhalb acht Tagen mit dem Vieheigentümer über den Ersatzanspruch einigt oder binnen derselben Frist die Schadenersatzklage anstrengt (§ 1321 a. b. G.B.). Wird dies versäumt, so ist deshalb der Schadenersatzanspruch noch nicht verloren. Rückstellung des Viehes hat auch stattzufinden, wenn der Vieheigentümer eine andere angemessene Sicherstellung leistet (§ 1322 a. b. G.B.).

(Bezüglich des Pfandrechtserwerbes an Grundbuchsrealitäten s. das Grundbuchsrecht.)

Richterliches Pfandrecht an Grundbuchsrealitäten entsteht durch Einverleibung gem. § 88 E.O.. Ein bloßes Befriedigungsrecht wird begründet durch Bewilligung der Zwangsversteigerung (§ 135 E.O.) sowie der Zwangsverwaltung (§ 98 E.O.). Die zwangsweise Pfandrechtsbegründung an bücherlich nicht eingetragenen Liegenschaften erfolgt durch pfandweise Beschreibung gem. §§ 90 ff. E.O., die freiwillige Verpfändung jedoch durch Einräumung des Besitzes oder Mitbesitzes (a. M. Krainz, S. 806). Pfandrecht an Rechten entsteht, sofern diese intabuliert sind, durch sog. Superintabulation, das Pfandrecht am Patentrecht durch Eintragung im Patentregister. Forderungen werden verpfändet, indem der Schuldner von der erfolgten Verpfändung verständigt wird; der Übergabe des etwa vorhandenen Schuldscheines bedarf es nicht. Wohl aber ist bei Inhaber= und Ordrepapieren Übergabe erforderlich. Durch freiwillige Abtretung der Forderung geht das accessorische Mobiliarpfandrecht nicht ohne weiteres auf den Cessionar über, vielmehr bedarf es besonderer Übertragung des Pfandrechtes (insbesondere Übergabe des Faustpfandes). Dagegen kann der Cessionar die begonnene Exekution fortsetzen; er succedirt also in das bereits begründete Pfändungspfandrecht. Die Übertragung von Hypotheken erfolgt durch Intabulierung dieser Übertragung (§ 445 a. b. G.B.). Mit der Hypothek gehen auch deren Belastungen (Afterhypotheken) auf den Cessionar über. Einer Denuntiation an den Cessus bedarf es hier nicht. Auch die außerbücherliche Cession einer Hypothek giebt dem Cessionar die Klage gegen den Cessus. Letzterer muß jedoch nur gegen gültige Löschungsquittung zahlen und kann dem Cessionar alle Einwendungen entgegenstellen, die er gegen den Cedenten hatte (Krainz, S. 813, 814). Unter Umständen wird bücherliches Pfandrecht durch den bloßen Übergang von hypothekarisch sichergestellten Schuldurkunden, die auf den Namen lauten oder durch Indossament übertragbar sind, erworben; so durch den Verkehr mit Teilschuldverschreibungen, Partialobligationen (§ 13 des Ges. vom 24. April 1874, Nr. 49 R.G.B.). In diesem Fall haftet die Hypothek für den jeweiligen Eigentümer der Schuldurkunde (Krainz, (S. 814).

III. **Das Pfandrechtsverhältnis.** Das konstituierte Pfandrecht erzeugt Rechte und Pflichten des Pfandgläubigers. Der Faustpfandgläubiger hat vor allem das Recht auf die Innehabung des Pfandes und ist als Rechtsbesitzer possessorisch geschützt (s. oben in der Besitzlehre). Er darf dagegen das Pfand ohne Bewilligung des Verpfänders nicht benützen und auch mit Bewilligung des letzteren ist nur die Gewährung des unschädlichen Gebrauches zulässig, nicht aber die (Bewucherung begünstigende) Bestellung des Fruchtgenusses am Pfande (§§ 459, 1372 a. b. G.B.) Verringert sich der Wert des bestellten Pfandes durch Verschulden des Verpfänders bis unter die Deckungshöhe oder kommen schon zur Zeit der Pfandbestellung vorhandene wertmindernde Mängel nachträglich zum Vorschein und reicht mit Rücksicht auf dieselben das Pfand zur Deckung der

Schuld nicht mehr aus, so kann ein anderes zureichendes Pfand gegen Rückstellung des ersten verlangt werden (§ 458 a. b. G.B., der sich nur auf Vertragspfandrecht bezieht). Der Pfandgläubiger hat weiters das Recht der Afterverpfändung (s. oben), jedoch nur insoweit sein eigenes Pfandrecht reicht (§ 454); insbesondere haftet das Pfand zu Gunsten des Afterpfandgläubigers nie für mehr als dem ersten Pfandgläubiger gegenüber. Die Realisierung des Afterpfandes erfolgt durch Überweisung der verpfändeten Forderung zur Einziehung oder an Zahlungsstatt (§§ 308, 316 E.O.).

Nach dem Verfalle der Forderung hat Pfandgläubiger das Recht auf Befriedigung aus dem Pfande. Dieselbe erfolgt regelmäßig durch Exekution auf Grund eines im Prozeßwege erlangten Exekutionstitels (§ 461 a. b. G.B.). Die Ausschließung dieses Realisierungsmodus durch Verabredungen, welche der Bewucherung des Schuldners Vorschub leisten, verhindert das Gesetz, indem es das Verbot der lex commissoria aufstellt, weiters die Verabredungen verbietet, daß Pfandgläubiger das Pfand nach seinem Willen entweder um einen schon im voraus bestimmten Preis veräußern oder für sich behalten dürfe, oder daß der Schuldner sein Pfand nie einlösen dürfe (Umgehung des Verbotes der lex commissoria). Derartige Verabredungen, andrerseits oder auch die Bedingung, daß Gläubiger nach Verfall der Forderung die Veräußerung des Pfandes nicht verlangen dürfe, sind nichtig (§ 1371 a. b. G.B.). Durch § 462 a. b. G.B. ist den Pfandgläubigern das jus offerendi verliehen. Regelmäßig führt die Exekution zum Verkauf und zwar bei Realitäten zur Zwangsversteigerung. Die Exekution auf letztere kann jedoch auch durch Zwangsverwaltung (bei Familienfideikommissen ausschließlich zulässig) geführt werden, eine Exekutionsart, welche durch die neue E.O. mit Rücksicht auf das Institut des „geringsten Gebotes" erhöhte Bedeutung erhält. Die Zwangsversteigerung von Immobilien unterbleibt auch dann, wenn ein Dritter sich bereit erklärt, die Liegenschaft um ein Viertel mehr, als der Schätzwert beträgt, samt Lasten zu übernehmen und die Kosten zu tragen (§ 200 Z. 1 E.O.). Was die Verwertung beweglicher Sachen anbelangt, so werden Wertpapiere und Waren, die einen Börsen= oder Marktpreis haben, durch einen Handelsmäkler oder aus freier Hand verkauft (§ 268 E.O.). Desgleichen entfällt die öffentliche Versteigerung beweglicher Sachen, wenn dies beantragt wird und offenbar vorteilhaft ist, oder wenn die Versteigerung erfolglos war (§ 280 E.O.), sowie dann, wenn ein Übernahmsantrag gem. § 271 E.O. gestellt wird. Im übrigen werden auch bewegliche Sachen durch öffentliche Versteigerung realisiert (§ 270 E.O.). Verkauf hat regelmäßig nicht stattzufinden, um Forderungen zu realisieren; hiezu dient vielmehr die Überweisung zur Einziehung bezw. an Zahlungsstatt (§ 303 E.O.). Nur unter den Voraussetzungen des § 317 E.O. kann an die Stelle der Überweisung anderweitige Verwertung (insbesondere auch Verkauf durch öffentliche Versteigerung) treten. Bei gewissen Forderungen (z. B. Hypothekenforderungen: § 321 E.O.) ist jedoch öffentliche Versteigerung schlechtweg ausgeschlossen (§ 319 E.O.). Einigen privilegierten Kreditinstituten steht das Recht zu, Pfänder ohne Intervention des Gerichtes zu veräußern (s. die Zusammenstellung bei Manz zu § 461). Durch den Verkauf beweglicher Pfänder erlischt das Pfandrecht, geht jedoch auf den Kaufpreis über. Hypotheken erlöschen jedoch erst mit der bücherlichen Löschung (§ 469 a. b. G.B.). Reicht der Pfanderlös zur Tilgung der Schuld nicht hin, so muß Schuldner das Fehlende aus seinem übrigen Vermögen ersetzen (§ 464 a. b. G.B.). Andrerseits erhält er jedoch den allfälligen Mehrbetrag (hyperocha). Der Pfandgläubiger ist, sobald er einen Exekutionstitel erlangt hat, an sein Pfand nicht gebunden und kann daher auch anderes Vermögen seines Schuldners in Exekution ziehen (§ 465 a. b. G.B.). Jedoch kann unter den Voraussetzungen des § 263 E.O. Einschränkung der Exekution stattfinden.

Verpflichtet ist der Pfandgläubiger vor allem zur genauen Verwahrung des Pfandes; er haftet für Deteriorierung und gänzlichen Verlust, sofern ihn ein Verschulden trifft (§ 459 a. b. G.B.). Hat er das Pfand weiterverpfändet, so haftet er auch für den Zufall, der bei ihm das Pfand nicht betroffen hätte (§ 460 a. b. G.B.). Nach § 1370 ist der Faustpfandgläubiger zur Ausstellung eines Pfandscheines verpflichtet. Das Pfand muß zurückgestellt werden, sobald die Schuld getilgt ist; die Zahlung einer Hypothek ver=

pflichtet zur Ausstellung einer sog. Löschungsquittung (§ 1369 a. b. G.B.). So lange Faustpfandgläubiger nicht bereit ist, das Pfand zurückzustellen, ist Schuldner zur Zahlung nicht verpflichtet (§ 469 a. b. G.B.). Ein Retentionsrecht am Pfand wegen anderer Forderungen gegen denselben Schuldner hat der Gläubiger nicht (§ 471 a. b. G.B.); wohl aber kann er eine einstweilige Verfügung nach § 379 E.O. erwirken.

Wurde ein Pfand mehreren Gläubigern bestellt, reicht es jedoch zur Befriedigung aller nicht hin, so entscheidet die Priorität, welche sich bei Hypotheken nach dem Zeitpunkt des Einlangens des Einverleibungsgesuches beim Grundbuchsgericht bestimmt. Die Priorität von Pfandrechten an Mobilien richtet sich nach dem Zeitpunkt der Übergabe, bei Forderungspfandrechten nach der Zeit der Denuntiation. Die sicherzustellende Forderung braucht im Momente der Pfandbestellung noch nicht existent zu sein (Pfandbestellung für betagte, bedingte und künftige Forderungen).

IV. Endigung des Pfandrechts. Allgemeine für Mobiliar- und Immobiliarpfandrecht geltende Erlöschungsgründe sind: 1. Der Untergang der Pfandsache (bei Immobilien nur ausnahmsweise, etwa durch dauernde Überflutung, denkbar). Wird die nur vorübergehend vernichtete Immobilie (z. B. das durch ein Erdbeben zerstörte Haus) wieder hergestellt, so setzt sich das Pfandrecht am neuen Objekt fort. Bei völligem Untergang des Hypothekarobjektes erlischt das Pfandrecht, ohne daß es der Extabulation bedürfte (Exner, Hyp.R. S. 621; a. M. Krainz, S. 454). Der Übergang des Pfandes berührt den Fortbestand der Forderung nicht (§ 467, 759 a. b. G.B.). 2. Erlaß des Pfandrechtes. Die Gültigkeit des Erlasses richtet sich nach allgemeinen Grundsätzen. Er bewirkt bei Mobilien Erlöschung des Pfandrechtes auch ohne daß das Faustpfand dem Verpfänder zurückgestellt wird. Vorbehaltlose, d. h. ohne ausdrücklichen Vorbehalt des Pfandrechtes erfolgende Rückstellung des Pfandes an den Verpfänder gilt kraft Gesetzes (§ 467) als Erlaß. Damit ist jedoch nicht gesagt, daß durch den Vorbehalt bei Rückstellung des Pfandes das Pfandrecht als vollwirksames (insbesondere mit Wirkung gegen Dritte) erhalten bleibt (mein Pfandrecht, S. 161, N. 18; a. M. Krainz, S 851). Dann würde das Gesetz selbst ein einfaches Mittel zur Umgehung eines seiner wichtigsten Grundsätze: des Verbotes der Mobiliarhypothek an die Hand geben. Erlaß einer Hypothek gewährt einen Titel zur Löschung derselben. Der Fortbestand der Forderung wird durch den Erlaß des Pfandrechtes nicht berührt (§ 467). 3. Vereinigung von Eigentum und Pfandrecht. Hierher gehören, was zunächst Mobilien betrifft, jene Fälle, wo nicht zugleich auch die Pfandforderung durch Confusio erlischt, also der Fall, daß Pfandgläubiger Eigentümer der Pfandsache wird, weiters der Fall, wo der Pfandeigentümer, der nicht Schuldner ist, die Forderung erwirbt. In diesen Fällen entsteht zwar nicht vollwirksames Pfandrecht an eigner Sache (der Eigentümer kann nicht selbst auf seine Sache Exekution führen), das bestehende Pfandrecht verhindert jedoch das Vorrücken der Nachpfandgläubiger, so daß für den Fall, als einer von den letzteren den Verkauf des Pfandes bewirkt, der Eigentümer den seinem Rang entsprechenden Anteil des Erlöses erhält (Krainz, S. 852; a. M. Horn, S. 34). Bei unbeweglichen Sachen tritt Erlöschung durch Vereinigung von Eigentum und Pfandrecht erst mit der bücherlichen Löschung ein (§ 1446 a. b. G.B.). Eigentümerhypothekar hat daher, sofern er nicht auch Personalschuldner ist, das Recht auf regelmäßige Befriedigung aus dem Meistbot (s. auch unten im Grundbuchsrecht). Zudem wird das Pfandrecht wieder zu einem vollwirksamen, sobald sich Eigentum und Pfandgläubigerschaft wieder trennen. 4. Zeitablauf. Vertragsmäßiges Mobilienpfand sowie auch das Hypothekarrecht können nicht nur durch den Parteiwillen befristet sein; es kann das Pfandrecht auch erlöschen zufolge zeitlich beschränkten Rechtes des Verpfänders. Letzteres geschieht beim Mobiliarpfand jedoch nur, wenn dem Pfandgläubiger die Zeitlichkeit des Rechtes des Verpfänders bekannt war, bei Hypotheken unter derselben Voraussetzung sowie dann, wenn dem redlichen Hypothekar der fragliche Umstand aus dem Buche bekannt sein konnte (§ 468). Der Eintritt des Termines gewährt einen Löschungstitel. Über die Erlöschung des richterlichen Pfandrechtes durch Zeitablauf s. oben. 5. Exekutiver Verkauf. Über die Wirkungen desselben s. oben. 6. Einschränkung der Exekution. Richterliche Pfandrechte können gem. § 96 bew. § 263 E.O. eingeschränkt werden. 7. Verjährung der Pfandklage.

Da die Befriedigung aus dem Pfande regelmäßig die Anstellung der Pfandrechtsklage (actio hypothecaria) erfordert, so bewirkt die Verjährung der letzteren bei Mobilien das Unwirksamwerden des Pfandrechts. Dabei kann die Forderung jedoch fortbestehen (die Verjährung desselben wurde unterbrochen). Die Verjährung der Pfandklage kann jedoch so lange nicht vollendet werden, als Pfandgläubiger das Pfand in Händen hat (§ 1483 a. b. G.B.). Dagegen erlischt das Pfandrecht mit Verjährung der Forderung, jedoch kann diese letztere ebenfalls, soweit die Deckung durch das Pfand reicht, solange nicht eintreten, als Pfandgläubiger das Pfand in Händen hat (§ 1483). Der unbedeckte Forderungsrest dagegen ist mittlerweiliger Verjährung unterworfen. Die Bestimmung des § 1483 gilt auch für das pignus irregulare, ist im übrigen jedoch auf das Faustpfand beschränkt. Auch bei Immobilien unterliegt die a. hypothecaria der Verjährung, bewirkt jedoch lediglich einen Löschungstitel (§ 1499 a. b. G.B.). Das Mobiliarpfand erlischt vermöge seines accessorischen Charakters überhaupt zufolge aller rechtlichen Vorgänge, die sich als "Tilgung der Schuld" darstellen (§ 469 a. b. G.B.), insbesondere also durch Zahlung der Schuld, Kompensation, Erlaß u. s. w. Anders bei Hypotheken, wo mit Ausnahme des Falles vollständigen Untergangs der Pfandsache (s. oben) stets der Buchakt zur Erlöschung erforderlich ist (§ 469). Eine das Immobiliarpfandrecht betreffende besondere Erlöschungsart ist die Amortisierung alter Hypothekarforderungen (s. die §§ 118 ff. des Grundbuchsgesetzes).

V. **Schutz des Pfandrechts.** Im Gegensatz zum röm. R. geht die Pfandklage des österr. R. nicht auf Ausfolgung des Pfandes behufs Befriedigung aus demselben, sondern auf Feststellung durch das Gericht, daß der Fall der in den Formen der Zwangsvollstreckung erfolgenden Realisierung des Pfandes vorliege (§ 461 a. b. G.G., welcher jedoch zu eng nur von zu erwirkender Feilbietung spricht). Die Hypothekenklage erschöpft sich in diesem Ziel (Exner, Hyp.R. S. 231), ist also an und für sich nicht auf Zahlung der Schuld gerichtet, wenn auch Kumulierung der Forderungs- und Pfandrechtsklage möglich erscheint (für welche Kumulierung sogar ein besonderer Gerichtsstand „der belasteten Sache" in § 91 der Jurisdiktionsnorm geschaffen wurde). Die Mobiliarpfandrechtsklage macht regelmäßig auch das Recht auf Befriedigung, Zahlhaftmachung aus dem Pfande geltend; sie kann jedoch, falls das Faustpfand dem Gläubiger abhanden kam, auch auf Herausgabe desselben gerichtet sein. Die Pfandrechtsklage ist eine dingliche Klage (§ 466 a. b. G.B.). Außerdem entspringen noch eine Reihe von persönlichen Klagen aus dem Pfandvertrage; so kann Pfandgläubiger gegen den Pfandgeber (und nur gegen diesen: a. M. Krainz, S. 867, N. 9) unter der Voraussetzung des § 458 auf Bestellung eines andern Pfandes klagen. Andrerseits kann Pfandgläubiger vom Pfandgeber auf Grund der ersteren gem. §§ 459 und 460 treffenden Haftungen beklagt werden, desgleichen auf Rückstellung des Pfandes nach Zahlung der Schuld. Wer die dingliche Pfandklage anstellt, muß Pfandrecht und Forderung nachweisen. Zur Hypothekarklage legitimiert das Eingetragensein als Pfandgläubiger; sie steht jedoch auch dem außerbücherlichen Cessionar zu. Sie ist anzustellen gegen den Besitzer des Hypothekarobjektes, auch wenn er nicht Bucheigentümer ist, unter Umständen zugleich gegen letzteren und den Besitzer (Exner, a. a. O. S, 239). Ist die Mobiliarpfandrechtsklage auf Herausgabe der Sache gerichtet, so muß Kläger auch die facultas restituendi nachweisen; die Bestimmung des § 378 a. b. G.B. findet analoge Anwendung. Auch wenn der Eigentümer des Pfandes nicht Personalschuldner ist, kann er der Pfandklage die gegen den Bestand der Forderung gerichteten Einwendungen (Zahlung, Erlaß u. s. w.) entgegenstellen (a. M. Exner, S. 255). Die Einrede der Vorausklage (exceptio excussionis personalis) steht nach österr. R. nicht zu. Gläubiger kann Personal- und Pfandklage in beliebiger Aufeinanderfolge, unter Umständen auch kumuliert, anstellen.

Das Grundbuchsrecht.

I. Grundbuchsverfassung. Die Redaktoren des a. b. G.B. fanden in Österreich das Institut der öffentlichen Bücher vor (§ 321 a. b. G.B.) und regelten daher auch das Tabularrecht im Gesetze. Die Art seiner Regelung zeigt den damaligen Mangel an wissenschaftlicher Behandlung. Die heutige Grundbuchsverfassung beruht auf dem Gesetze vom 25. Juli 1871, Nr. 95 R.G.B. („Das allgemeine Grundbuchsgesetz"). Geltung erhielt das a. G.G. für alle jene Länder, in denen das Institut der Grundbücher bereits bestand (Art. I des Einführungsgesetzes zum a. G.G.), nicht also für Tirol, wo „Verfachbücher", desgleichen nicht für Istrien und Dalmatien, wo „Notifikenbücher" und „Hypothekenbücher" geführt wurden. Jedoch wurde für Tirol mit dem Landesgesetz vom 17. März 1897, Nr. 9 L.G.B. die Anlegung von Grundbüchern verordnet, so daß nun für dieses Kronland ebenfalls das a. G.G. in Geltung steht, allerdings mit einigen in lokalen Verhältnissen begründeten Sonderbestimmungen. Das a. G.G. gilt für alle auf dem System der Realfolien beruhenden öffentlichen Bücher, also nicht nur für die Grundbücher im engeren Sinn, sondern auch für die Land- und Lehentafeln, Bergbücher, Naphtabücher. Auf besonderer gesetzlicher Grundlage beruht die Verfassung der Eisenbahnbücher (Gesetz vom 19. Mai 1874, Nr. 70 R.G.B.). Die Bestimmungen des a. G.G. sind vorwiegend formeller Natur; sie enthalten jedoch auch dem Tabularrecht des a. b. G.B. gegenüber eine Reihe von wichtigen Neuerungen und Verbesserungen. Hauptquelle für das materielle Grundbuchsrecht ist jedoch nach wie vor das a. b. G.B.

Die Einrichtung des Grundbuchs ist im wesentlichen folgende. Das Grundbuch besteht aus zwei selbständigen Bestandteilen, dem Hauptbuche und der Urkundensammlung (§ 1 a. G.G.). Ersteres ist für die Eintragung der bücherlichen Rechte, sofern diese eine kurze Fassung zulassen, bestimmt; sie sind stets nur ihren wesentlichen Bestimmungen nach einzutragen. In die Urkundensammlung werden sämtliche Urkunden, auf Grund welcher Eintragungen in das Hauptbuch stattfanden, in beglaubigter Abschrift eingelegt. Lassen bücherliche Rechte die für die Eintragung im Hauptbuch erforderliche kurze Fassung nicht zu, so ist letzteren Ortes lediglich auf die bezügliche Stelle der Urkundensammlung zu verweisen, welche hiedurch den rechtlichen Charakter einer Grundbuchseintragung erhält (§§ 5, 6 a. G.G.). Das Hauptbuch beruht auf dem System der Realfolien und zerfällt demgemäß in einzelne Grundbuchseinlagen. Jede Grundbuchseinlage ist einem Grundbuchskörper gewidmet und dient für die auf den letzteren sich beziehenden Eintragungen (§ 2 a. G.G.). Der in der Einlage als bücherliche Einheit erscheinende Grundbuchskörper ist entweder durch eine einzige Realität gebildet oder er besteht aus deren mehreren. Letzteres ist nur möglich, wenn an den mehreren Liegenschaften die gleichen Rechtsverhältnisse bestehen, wenn sie vor allem demselben Eigentümer gehören. Nach Art. VI des für Tirol erlassenen Gesetz vom 17. März 1897, Nr. 77 R.G.B. kann es jedoch vorkommen, daß mehrere zu einem Grundbuchskörper (geschlossenem Hofe) gehörigen Liegenschaften verschieden belastet sind. Ausnahmsweise kann eine Grundbuchseinlage auch mehrere Grundbuchskörper enthalten; dies ist jedoch nur zulässig in Grundbüchern, welche keine landtäflichen Liegenschaften enthalten. Weitere Voraussetzungen sind außerdem, daß die Grundbuchskörper von unbedeutendem Wert sind, und daß keine Verwirrung des Grundbuchsstandes zu besorgen ist. Daß sie demselben Eigentümer gehören müssen, ist selbstverständlich (§ 4 der Landesgesetze über die Anlegung neuer Grundbücher und deren innere Einrichtung). Die einzelnen als Grundbuchseinlagen bezeichneten Teile des Grundbuchs zerfallen in drei Abteilungen („Blätter"): das Gutsbestandblatt, das Eigentumsblatt, das Lastenblatt. In ersterem ist die Realität zu bezeichnen und anzugeben, aus welchen Bestandteilen (Parzellen) sie besteht. Weiter dient das Gutsbestandblatt zur Ersichtlichmachung aller mit dem Eigentum des Grundbuchskörpers oder eines Teiles desselben verbundenen Realrechte, insbesondere also auch der dem herrschenden Grundstücke zustehenden Grunddienstbarkeiten. Die Eintragungen auf dem Gutsbestandblatte erfolgen principiell von amtswegen. Im Eigentumsblatt sind die Eigentumsrechte am Grundbuchskörper anzugeben, weiters etwaige

Beschränkungen des Eigentümers hinsichtlich seiner freien Vermögensverwaltung (z. B. die Verhängung der Verschwendungskuratel). Außer diesen persönlichen, nur den jeweiligen Eigentümer treffenden sind auch jene Beschränkungen im Eigentumsblatt ersichtlich zu machen, welche jeden Eigentümer betreffen (z. B. das Fideikommiß- oder Substitutionsband). Der eigentliche Ort für die Eintragung solcher nicht rein persönlicher Beschränkungen ist jedoch das Lastenblatt. Hier sind zudem alle die Liegenschaft belastenden verbücherungsfähigen Rechte, sowie die an diesen Rechten erworbenen Rechte einzutragen.

Die Einrichtung des Eisenbahnbuches ist eine dem Grundbuch analoge. Das Eisenbahnbuch besteht aus den Eisenbahneinlagen und einer Urkundensammlung (§ 3 des Gesetzes vom 19. Mai 1874, Nr. 70 R.G.B.). Die Eisenbahneinlage zerfällt in das Bahnbestand-, Eigentums- und Lastenblatt. Letzteres hat zwei Abteilungen, die erste für Lasten, welche die ganze bücherliche Einheit betreffen, die zweite für Lasten, welche sich auf die einzelnen Eisenbahngrundstücke beziehen (§ 8 des cit. Gesetzes).

Die Eintragungen im Grundbuch können sein: Einverleibungen (Intabulationen), Vormerkungen (Pränotationen), Anmerkungen, Löschungen von Vormerkungen, Löschungen von Anmerkungen. Die Löschung einer Einverleibung geschieht durch Einverleibung der Löschung (Extabulation). Einverleibung findet zu Gunsten solcher Personen statt, welche ein Recht unbedingt und definitiv erworben haben, gleichgültig, ob das Recht neu entstanden oder lediglich übertragen worden ist. Auch Beschränkungen bücherlicher Rechte erfolgen durch Einverleibung. Sind Rechte unbedingt und definitiv untergegangen, so findet Einverleibung der Löschung statt. Durch Vormerkungen wird der bedingte Rechtserwerb im Grundbuch ersichtlich gemacht. Damit sich dieser Schwebezustand in definitiven Rechtserwerb, definitive Übertragung, Beschränkung von Rechten verwandle, ist die Rechtfertigung (Justifizierung) der Vormerkung erforderlich. Alle Eintragungen im Grundbuch, die nicht Einverleibungen, Vormerkungen oder Löschungen von Vormerkungen sind, erfolgen in der Form der Anmerkung. Sie hat den Zweck, rechtlich relevante Umstände im Grundbuche ersichtlich zu machen (§ 8 a. G.G.).

II. Das materielle Grundbuchsrecht. Dadurch, daß die Rechtsverhältnisse an unbeweglichen Sachen nach bestimmten Regeln und mit bestimmten Wirkungen registriert werden, kommt in das Immobiliarrecht ein formalistischer Zug. In welchem Umfang man nun dem mit dem Buchinstitut gegebenen formalen Elemente Einfluß auf die materielle Gestaltung der Verhältnisse einräumen soll und kann, ist die wichtigste und schwierigste Frage des Tabularrechts. Es ist demnach an dieser Stelle darzustellen, welche Gestaltung die Rechtsverhältnisse an unbeweglichen Sachen durch das Buchinstitut erfahren, insbesondere inwiefern die allgemeinen Regeln des Sachenrechtes durch letzteres beeinflußt werden.

Als Principien, welche das österreichische Grundbuchsrecht beherrschen, sind zu bezeichnen das Eintragungsprincip, das Princip der formalen Rechtskraft der Bucheinträge und das Publizitätsprincip. Als Eintragungsprincip bezeichnet man den Grundsatz, daß Rechte an Grundbuchskörpern nur insofern bestehen, als sie im Grundbuche eingetragen sind. Obwohl § 4 a. G.G. dieses Princip ausdrücklich und ausnahmslos aufstellt, so bestehen dennoch eine Reihe von Ausnahmen, wo die Natur der Sache zwingt, die durch außerbücherliche Ereignisse bewirkte Änderung der Rechtslage anzuerkennen, ohne daß dieselbe bereits im Buch ersichtlich wäre. Insbesondere kann trotz der scheinbar entgegenstehenden Bestimmungen der §§ 431, 436, 437 und 444 a. b. G.B. Eigentum an Grundbuchskörpern ohne Eintragung erworben und auch verloren werden. Anhaltspunkte dafür finden sich sowohl im a. G.G. als auch im a. b. G.B. Ersteres anerkennt in § 22 ausdrücklich die Möglichkeit außerbücherlicher Übertragung von Liegenschaften und bücherlichen Rechten. Das a. b. G.B. läßt in § 1498 den Ersitzer außerbücherlich Eigentum erwerben; er kann gegen den „bisherigen" Eigentümer die Zuerkennung des Eigentums ansuchen. Eine specielle Ausnahme vom Eintragungsprincip statuiert das nur für Tirol geltende Gesetz vom 17. März 1897, Nr. 77 R.G.B. in Art. I, wonach gewisse Felddienstbarkeiten (Wege- und Wasserleitungsservituten), sofern sie sich auf Ersitzung gründen, der Eintragung ins Grundbuch überhaupt nicht bedürfen. Im allgemeinen ergeben sich Ausnahmen vom Eintragungsprincip nur bei solchen Eigentumserwerbsarten, die nicht

Traditionscharakter haben (Erbgang, Zwangsversteigerung, Expropriation, Ersitzung). Für den Eigentumserwerb durch Vertrag dagegen ist die Verbücherung Voraussetzung; sie hat hier nach der Auffassung des österreichischen Rechtes das zu leisten, was die Übergabe für den mittelbaren Eigentumserwerb an beweglichen Sachen bedeutet (§§ 423 ff. insbesondere auch 431 a. b. G.B.): sie dient dem allgemeinen Publizitätsgedanken des österreichischen Sachenrechtes. Außer dem Falle der Eigentumsübertragung durch Vertrag hat die Eintragung konstitutive Wirkung auch beim Erwerb der unbeweglichen Vermächtnissache, ferner beim Erwerb im Wege der Exekution gegen den zur Eigentumsübertragung Verurteilten (§ 350 Exekutionsordnung), endlich beim Eigentumserwerb auf Grund eines Teilungsurteils (§ 436 a. b. G.B.). In allen diesen Fällen ist demnach die Besitzübergabe der unbeweglichen Sache für die Eigentumsübertragung belanglos. Das Princip der formalen Rechtskraft der Bucheinträge besteht darin, daß die im Buche eingetragenen Rechtsverhältnisse zufolge ihres Eingetragenseins zu Recht bestehen, auch wenn sie der materiellen Grundlage entbehren. Dieses Princip findet sich im österreichischen Tabularrecht nur in stark abgeschwächter Form. Denn auch nach österr. R. erlangt der im Grundbuch Eingetragene das eingetragene Recht nur, falls die allgemeinen Voraussetzungen des Rechtserwerbes vorhanden sind und nicht rechtliche Hindernisse dem Erwerbe entgegenstehen. So wird z. B. durch eine Eintragung auf Grund einer gefälschten Urkunde das bezügliche Recht nicht erworben. Trotzdem kommt der Eintragung an und für sich eine gewisse formale Rechtskraft zu, die sich z. B. darin äußert, daß durch die Eintragung für den Eingetragenen die Aktivlegitimation zur dinglichen Klage gegeben ist; daß ihn ebenso aber auch die Passivlegitimation trifft, wenn dingliche Klagen gegen ihn als Eingetragenen erhoben werden. Insbesondere wird die Zwangsvollstreckung gegen den im Grundbuch eingetragenen Gläubiger eingeleitet (§§ 88, 98, 133 Exekutionsordnung). Der wahre Eigentümer muß, um die Einstellung der Exekution zu erwirken, Widerspruch erheben (§ 37 Exekutionsordnung).

Die nur beschränkte Durchführbarkeit des Eintragungsprincips und die noch beschränktere des Princips der formalen Rechtskraft der Bucheinträge hat zur notwendigen Folge, daß materielle Rechtslage und Buchstand öfters nicht übereinstimmen, indem einerseits außerbücherliche, materiellrechtliche Veränderungen zu berücksichtigen sind, andererseits Eintragungen mangels einer materiellen Grundlage ungültig sind. Die durch solche Differenzen sich ergebende Unverläßlichkeit des Buches wird nun, wenn auch nicht vollständig, so doch in ihren bedenklichsten Konsequenzen, durch das Publizitätsprincip saniert. Dieses beruht auf dem Gedanken, daß niemand in seinem berechtigten Vertrauen auf die Richtigkeit des öffentlichen Buches getäuscht werden dürfe. Es werden daher, allerdings mit gewissen Beschränkungen, Eintragungen, die der materiellen Rechtslage nicht entsprechen, denjenigen gegenüber, welche von dieser Divergenz nichts wissen, so behandelt, als ob letztere gar nicht vorhanden wäre (positive Seite des Publizitätsprincipes). Andererseits werden den auf das Buch Vertrauenden gegenüber rechtliche Thatbestände, die aus dem Buch nicht apparieren, auch nicht berücksichtigt (negative Seite des Publizitätsprincipes). Was die positive Seite betrifft, so sind zu unterscheiden die Fälle, wo die ursprünglich der materiellen Rechtslage entsprechende Eintragung zufolge Änderung der Verhältnisse später unrichtig wird und die Fälle gleich ursprünglich vorhandener Ungültigkeit der Eintragung. Zu den ersteren gehören vor allem die Bestimmungen der §§ 1500 und 469 a. b. G.B., wonach die Erlöschung eines bücherlichen Rechtes durch Verjährung, weiter die Erlöschung einer Hypothek zufolge Tilgung der Schuld dem im Vertrauen auf den Buchstand Erwerbenden nicht entgegengesetzt werden kann. Die Anwendung des Publizitätsprincipes auf die Fälle ursprünglich ungültiger Eintragungen war dem a. b. G.B. noch fremd; die mangelhafte Eintragung konnte nur im Wege der Tabularersitzung saniert werden (§§ 1467, 1469, 1472 a. b. G.B.). Erst das a. G.G. (§§ 63 und 64) schützt — allerdings mit gewissen Einschränkungen — denjenigen, welcher im berechtigten Vertrauen auf ursprünglich ungültige Eintragungen bücherliche Rechte erwirbt. Selbstverständlich kommen als solche Eintragungen nur die unbedingte Rechtserwerbung wirkenden Einverleibungen in Betracht. Die erwähnten Einschränkungen bestehen nun darin, daß zum gutgläubigen Erwerb des Dritten auch noch eine gewisse Unthätigkeit des durch den ungültigen Eintrag in seinen Rechten Verletzten hinzukommen muß. Das a. G.G. unterscheidet demgemäß, ob letzterer von der ihn schädigenden Einverleibung „vorschriftsmäßig" d. h. durch Intimierung einer Ausfertigung der bezüglichen Eintragsverfügung verständigt wurde oder nicht. Ist dies geschehen und hätte der Verletzte versäumt, 1. binnen der Rekursfrist (§ 127 a. G.G.) um die bücherliche Anmerkung, daß die Eintragung streitig ist, zu ersuchen, 2. zugleich oder binnen weiteren 60 Tagen (von Ablauf der Rekursfrist) die Löschungsklage sowohl gegen jene, zu deren Gunsten die Einverleibung erfolgte, als auch gegen Dritte, welche weitere Eintragungen darauf erwirkten, einzubringen, so wird der Dritte, sofern er gutgläubig ist und dies kann er nur sein, sofern die Eintragung zu seinen Gunsten vor der Anmerkung des Streites erfolgte, geschützt, d. h. eine allenfalls gegen ihn eingebrachte Löschungsklage ist abzuweisen. Wurde jedoch der durch die ungültige Einverleibung Verkürzte „aus was immer für einem Grunde" nicht verständigt, so erlischt sein Anfechtungsrecht gegen gutgläubige Dritte binnen drei Jahren von dem Zeitpunkt an, da um die angefochtene Eintragung angesucht wurde. Wurde die Eintragung auf Grund einer vom Strafgesetz verbotenen Handlung erwirkt, deren Anfechtung im Strafrechtswege erfolgt, so muß die auf der Thatsache der erstatteten Strafanzeige beruhende Anmerkung des Streites gleichfalls innerhalb der Rekursfrist in das öffentliche Buch gelangen, damit die seitens des Strafgerichtes erfolgende Ungültigkeitserklärung sich auch auf den Erwerb gutgläubiger Dritter erstrecke (§ 66 a. G.G.). Wurde die beschädigte Partei mit dem Anspruch auf Löschung der Einverleibung auf den Civilrechtsweg gewiesen, so ist die bezügliche Klage, um auch gegen gutgläubige Dritte zu wirken, binnen 60 Tagen nach Eintritt der Rechtskraft der strafgerichtlichen Entscheidung einzubringen (§ 67 a. G.G.).

Jenen Personen gegenüber, zu deren unmittelbaren Gunsten die ungültige Eintragung erfolgte, unterliegt die Löschungsklage den gewöhnlichen Verjährungsvorschriften (§ 62 a. G.G.). Dasselbe gilt auch von der Löschungsklage gegen **schlechtgläubige** Dritte.

Die negative Seite des Publizitätsprincipes tritt in den Bestimmungen der §§ 443 und 1443 a. b. G.B. zu Tage. Nach § 443 werden mit dem Eigentum unbeweglicher Sachen bücherlich nicht apparierende Lasten auch nicht übernommen. Nach § 1443 kann dem Cessionar einer **Hypothek** die Einwendung der Kompensation nur dann entgegengesetzt werden, wenn die Gegenforderung bei der Forderung bücherlich ersichtlich gemacht war oder gelegentlich des Cessionsaktes dem Cessionar bekannt gemacht wurde.

Der definitive Erwerb von bücherlichen Rechten am Grundbuchskörper erfolgt durch deren Einverleibung. Gegenstand der Einverleibung sind demnach sämtliche dinglichen Rechte, außerdem kraft besonderer gesetzlicher Bestimmung (§ 9 a. G.G.) das Wiederkaufs-, Vorkaufs- und Bestandrecht. Die Einverleibung ist nach österr. R. weder Formalakt noch modus acquirendi, sondern ein wesentliches Formalerfordernis des dinglichen Vertrages. Der abstrakte dingliche Vertrag genügt indes zur Erwerbung oder „Umänderung" von bücherlichen Rechten nicht; demselben muß ein „gültiger Rechtsgrund" zu Grunde liegen und dieser muß zudem in der Tabularurkunde angeführt sein (§ 26 a. G.G.). Einverleibungen und Vormerkungen können nur auf urkundlicher Grundlage stattfinden (§ 26 a. G.G.). Die Tabularurkunde ist nur dann geeignet, Grundlage einer Eintragung (Einverleibung, Vormerkung oder Anmerkung) zu sein, wenn sie nicht äußere, ihre Glaubwürdigkeit schwächende Mängel aufweist. Insbesondere muß sie genau die beteiligten Personen, zudem Ort und Zeit der Ausfertigung enthalten (§ 27 a. G.G.). Damit Einverleibung stattfinden könne, muß die Urkunde außerdem entweder eine öffentliche (§§ 292 293 C.P.O.) oder eine solche Privaturkunde sein, auf welcher die Unterschriften gerichtlich oder notariell beglaubigt sind (§ 31 Abs. 1 a. G.G.). Erleichterungen hinsichtlich der Legalisierungspflicht brachte das Gesetz vom 5. Juni 1890, Nr. 109 R.G.B., indem für gewisse geringfügige Grundbuchssachen die Mitfertigung zweier Zeugen genügt. Für Tirol wurde durch das Gesetz vom 17. März 1897, Nr. 77 R.G.B. das Institut beeideter Legalisatoren eingeführt (Art. X). Einverleibung kann auch auf Grund von Urkunden stattfinden, welche nicht von der Partei selbst, sondern von einem Vertreter ausgestellt sind; gegen den Vertretenen jedoch nur dann, wenn die schriftliche Vertretungsvollmacht ent=

weder auf das bestimmte Geschäft lautet oder doch nicht älter ist als ein Jahr vom Zeitpunkt des Einverleibungsbegehrens zurückgerechnet (§ 31 Abs. 2 a. G.G.). Einverleibungsfähige öffentliche Urkunden sind einerseits solche über Rechtsgeschäfte, sofern sie von der kompetenten öffentlichen Behörde oder einem Notar aufgenommen wurden und die Einverleibungsbewilligung enthalten, andererseits exekutionsfähige Vergleiche, endlich vollziehbare Verfügungen öffentlicher Behörden (z. B. Zahlungsaufträge, Steuer=, Rückstandsausweise, rechtskräftige Erkenntnisse, Einantwortungsurkunden: § 33 a. G.G.). Privaturkunden müssen, um einverleibungsfähig zu sein, die ausdrückliche Erklärung desjenigen, dessen Recht beschränkt, belastet, aufgehoben oder auf eine andere Person übertragen werden soll, enthalten, daß er in die Einverleibung willige. Diese Erklärung kann auch in einer besonderen Urkunde (Aufsandungsurkunde) oder im Grundbuchsgesuche abgegeben werden, welche in diesem Falle in einverleibungsfähiger Form (mit beglaubigten Unterschriften) vorliegen müssen (§ 32 a. G.G.).

Gegenstand der Einverleibung sind im einzelnen: das Eigentumsrecht, die persönlichen und Grunddienstbarkeiten, das Pfandrecht (Afterpfandrecht), Reallasten; zudem die bereits erwähnten drei obligatorischen Rechte. Kein Gegenstand der Verbücherung sind der Besitz und das Erbrecht, obwohl diese Rechte in § 308 a. b. G.B. als dingliche Sachenrechte bezeichnet sind. Objekt dieser bücherlichen Rechte ist principiell der Grundbuchskörper als Ganzes (§ 3 a. G.G.). Das bücherliche Miteigentum ist daher nur an aliquoten Teilen des Grundbuchskörpers möglich (§ 10 a. G.G.). Nur ausnahmsweise kann selbständiges Eigentum an materiellen Teilen von Gebäuden (z. B. einzelnen Stockwerken) Gegenstand bücherlicher Eintragung sein (Gesetz vom 30. März 1879, Nr. 59 R.G.B.). Im übrigen kann bücherliches Eigentum an einzelnen Bestandteilen des Grundbuchskörpers nur nach vorheriger Abtrennung derselben nach Maßgabe des Gesetzes vom 6. Februar 1869, Nr. 18 R.G.B. erworben werden (§ 11 a. G.G.). Die Einverleibung des bedingten oder betagten Eigentums ist zulässig. Als erstere stellt sich z. B. dar die Einverleibung zu Gunsten der Gattin auf Grund des § 1230 a. b. G.B. (vgl. auch §§ 1234 und 1255 a. b. G.B.). Kraft besonderer nur für Tirol geltender Bestimmung (Gesetz vom 17. März 1897, Nr. 77 R.G.B. Art. III) werden Eigentums= und Pfandrechte an Bäumen, welche sich auf fremdem Grunde befinden, sofern diese Rechtsverhältnisse bereits vor Wirksamkeit des citierten Gesetzes begründet waren, auch noch des weiteren anerkannt. Dienstbarkeiten können, obwohl sie auf den Grundbuchskörper als Ganzes eingetragen werden, dennoch räumlich beschränkt sein; diese Beschränkung muß aus dem Buch genau ersichtlich sein (§ 12 a. G.G.).

Einen besonderen in sich abgeschlossenen Teil des Grundbuchsrechtes bildet die bücherliche Form des Pfandrechtes, das Hypothekenrecht. Für dasselbe gelten außer den allgemeinen Principien des Tabularrechtes noch einige besondere. Das pfandrechtliche Princip der Accessorietät kommt für das Hypothekenrecht allerdings nur beschränkt zur Geltung. Denn nach § 469 a. b. G.B. geht eine Hypothek durch bloße Tilgung der Schuld ohne Löschung im Grundbuch nicht unter, ebensowenig durch Vereinigung des Rechtes und der Verbindlichkeit in einer Person (1446 a. b. G.B.). In diesen Fällen weicht die accessorische Natur des Pfandrechtes „dem öffentlichen Interesse an der Sicherheit des Hypothekenverkehrs". Von umfassender Bedeutung für das österreichische Hypothekenrecht ist das Princip der Specialität. Demselben untersteht die Hypothek zunächst hinsichtlich ihres Gegenstandes: nur Grundbuchskörper und deren Anteile sind Objekte der Hypothek (§ 13 a. G.G.); es giebt keine Generalhypothek, kein Pfandrecht am Vermögen, desgleichen auch nicht an der Erbschaft oder Erbschaftsanteilen. Aber auch vom Inhalt der Hypothek verlangt das Specialitätsprincip möglichste Bestimmtheit: das Pfandrecht kann nur für eine ziffermäßig bestimmte Geldsumme eingetragen werden (§ 14 Abs. 1 a. G.G.). Diese Bestimmtheit erstreckt sich sogar auf die Nebengebühren, indem vertragsmäßige Zinsen verbüchert sein müssen (§ 14 Abs. 1 a. G.G.) und Zinsen sowie rückständige Ansprüche aus verbücherten Renten u. dergl. nur innerhalb des Maßes eines dreijährigen Rückstandes die gleiche Rangordnung mit dem Kapitale (Bezugsrechte) genießen (§§ 17 und 18 a. G.G.). Unbegrenzt ist dagegen die Haftung für Prozeß= und Exekutionskosten (§ 16 a. G.G.). Lediglich mit einem Höchstbetrage werden eingetragen die zur Sicherstellung künftig etwa entstehenden Forderungen aus bereits vorliegender Causa dienenden Kautions= (Kredit=)Hypotheken. Die später entstehende Forderung findet im Augenblick ihrer Entstehung bereits hypothekarische Sicherstellung vor, deren Priorität sich nach dem Zeitpunkte der Eintragung der Kautionshypothek richtet. Eine sogenannte Juxtaanmerkung der wirklich entstandenen Schuld und ihres Betrages ist dem österreichischen Hypothekenrecht fremd und daher wirkungslos. Da die Eintragung einer Kautionshypothek nur eventuelles Recht erzeugt, kann der gutgläubige Cessionar den Schutz des Publizitätsprincipes nicht genießen. Über die Realisierung der Kautionshypothek im Zwangsversteigerungsverfahren vgl. die §§ 171, 211, 223 der Exekutionsordnung. Die vom Specialitätsprincip für die Rangordnung geforderte Bestimmtheit wird dadurch erzielt, daß die gemeinrechtlichen Vorrangsprivilegien nicht mehr bestehen und die Rangordnung sich nach den Einreichungszahlen richtet (§ 29 a. G.G.).

Objekte des Hypothekarrechtes sind außer dem Grundbuchskörper selbst auch gewisse bücherliche Rechte, so der verbücherte Nießbrauch, das Hypothekarrecht selbst, intabulierte Bestandrechte, bücherliche Reallastberechtigungen; nicht aber die Servitut des Gebrauches oder das Wiederkaufs= und Vorkaufsrecht. Der Grundbuchskörper ist auch mit Rücksicht auf die pfandrechtliche Belastung als ein Ganzes anzusehen: die abgesonderte Belastung einzelner Bestandteile ist unzulässig. Aliquote Teile sind verpfändbar, sofern sie verschiedenen Miteigentümern gehören. Dagegen kann weder der Alleineigentümer einen aliquoten Teil der Liegenschaft, noch der Miteigentümer einen aliquoten Teil seines ideellen Anteils hypothekarisch belasten (§ 13 Abs. 1 a. G.G.). Afterhypothek kann hinsichtlich der ganzen Forderung, oder auch hinsichtlich eines aliquoten oder ziffermäßig bestimmten Teiles bestellt werden (§ 13 Abs. 2 a. G.G.). Für ein und dieselbe Forderung können auch mehrere Pfandgegenstände solidarisch haftbar gemacht werden (Simultanhypotheken); hier erfährt das Specialitätsprincip mit Rücksicht auf die Bedürfnisse des Immobiliarkredits eine Beschränkung. Nach § 15 Abs. 1 a. G.G. können die eine Simultanhypothek bildenden einzelnen Hypotheken auf zwei oder mehreren Grundbuchskörpern oder Hypothekarforderungen haften. Diese Fassung ist zu eng, denn es können nicht nur die Anteile verschiedener Eigentümer eines und desselben Grundbuchskörpers, sondern auch ein Grundbuchskörper und eine Hypothekarforderung, ja überhaupt alle verpfändbaren bücherlichen Rechte zusammen simultan belastet werden. Sämtliche Pfandsachen haften ungeteilt, d. h. der Gläubiger kann Bezahlung der ganzen Forderung aus jeder einzelnen Pfandsache begehren (§ 15 Abs. 2 a. G.G.); es ist jedoch zur Ausgleichung unter denselben Regreß gewährt. § 222 der Exekutionsordnung gewährt den durch das Wahlrecht des Simultanpfandrechtsgläubigers geschädigten Nachpfandgläubigern entsprechende Ersatzansprüche gegen die Besitzer der nicht in Anspruch genommenen mitverhafteten Pfandobjekte. Diese Ersatzansprüche treten in die Rangordnung der getilgten und zu löschenden Simultanhypothek, woselbst sie auch auf Antrag zu intabulieren sind. Die Beitragsberechnung erfolgt nach dem Verhältnisse der nach Abzug der Vorhypotheken verbleibenden Bedeckungsreste. Als unbedingt zulässig erscheint der sich im Grunde als Ausübung des Wahlrechtes darstellende Verzicht (Erlaß) hinsichtlich einzelner Zweighypotheken. Auch der Eigentümer der in Anspruch genommenen Pfandsache ist, sofern er nicht Personalschuldner war, regreßberechtigt (§ 1042 a. b. G.B.).

Das Institut der Simultanhypothek erfordert besondere Vorkehrungen, damit Gläubiger nicht mehrfache Zahlung erhalte. Vor allem muß die Simultanhaftung, sobald sie sich auf verschiedene Grundbuchseinlagen bezieht, im öffentlichen Buche auf besondere Weise ersichtlich gemacht werden. Dies geschieht dadurch, daß eine der mehreren verhafteten Einlagen als Haupteinlage, die übrigen als Nebeneinlagen bezeichnet werden und daß in der Haupteinlage auf sämtliche Nebeneinlagen, und daß bei jeder Nebeneinlage auf die Haupteinlage durch eine Anmerkung (der Simultanhaftung) hingewiesen wird (§ 106 a. G.G.). Besonders wichtig ist, daß bei der Ausdehnung einer für dieselbe Forderung bereits haftenden Hypothek auf andere Pfandobjekte nicht die bereits bestehende Hypothek absichtlich oder aus Versehen verschwiegen wird. § 107 a. G.G. verpflichtet daher den um Ausdehnung ansuchenden Gläubiger zur Anzeige der bereits bestehenden Hypothek und macht ihn für den durch die (wenn auch gutgläubige) Verschweigung entstehenden Schaden haftbar.

Zudem hat das Grundbuchsgericht seine allfällige Kenntnis von einer für dieselbe Forderung bereits haftenden Hypothek von amtswegen zu berücksichtigen (§ 107 Abs. 4 a. G.G.).

Die eine Simultanhypothek bildenden einzelnen (Zweig-)Hypotheken sind zwar hinsichtlich ihrer Entstehung von einander unabhängig, in Bezug auf den Weiterverkehr machen sie jedoch ein verschiedenen rechtlichen Verfügungen (Übertragung, Beschränkung, Belastung, Löschung) unterworfenes Ganzes aus. Solche Verfügungen müßten daher eigentlich, da sie alle einzelnen Hypotheken berühren, in sämtlichen Einlagen ersichtlich gemacht werden. Um diese mit der Ökonomie des Buchwesens nicht verträgliche Konsequenz zu vermeiden, macht das a. G.G. eine der sämtlichen simultan haftenden Einlagen zur ausschließlichen Trägerin aller auf den Weiterverkehr bezüglichen Eintragungen, zur Haupteinlage. Derartige Eintragungen (Cession, Afterverpfändung) in der Haupteinlage gelten als zugleich auch in den Nebeneinlagen bereits vollzogen; nur die teilweise oder gänzliche Löschung der Simultanhypothek hinsichtlich aller Pfandobjekte sowie die Löschung des Pfandrechtes hinsichtlich einzelner Nebeneinlagen ist auch in letzteren ersichtlich zu machen und zwar ersterenfalls in allen Nebeneinlagen, letzterenfalls in den bezüglichen (§ 112 a. G.G.). Es ist daher aus der Nebeneinlage selbst nur die Entstehung und Endigung des Pfandrechtes zu ersehen; über die dazwischen liegenden rechtlichen Schicksale giebt die Haupteinlage, auf welche die Nebeneinlage verweist, Aufschluß. Durch die Zusammenfassung der Einlagen in der Haupteinlage wird selbstverständlich die materielle Unabhängigkeit der einzelnen Nebeneinlagen der Haupteinlage gegenüber nicht berührt. Es ist insbesondere, wie § 112 Abs. 2 a. G.G. auch erwähnt, die Löschung des Pfandrechts hinsichtlich einzelner Nebeneinlagen zulässig; auch solche nicht das Gesamtpfandverhältnis betreffende Änderungen sind in der Haupteinlage einzutragen. Da das Zusammenfassen aller Einlagen in der Haupteinlage nur formelle Bedeutung hat, ist es an und für sich gleichgültig, welche Einlage als Haupteinlage fungiert. Das a. G.G. gestattet daher demjenigen, der um die Eintragung der Simultanhypothek ansucht, die Bestimmung der Haupteinlage (§ 106 Abs. 1 a. G.G.). Entsteht die Simultanhypothek successiv durch Ausdehnung einer bereits bestehenden Hypothek, so fungiert diese letztere als Haupteinlage (§ 106 Abs. 2 a. G.G.). Wird das Pfandrecht der Haupteinlage gelöscht, so muß eine der bisherigen Nebeneinlagen Haupteinlage werden, und zwar wenn eine solche beim Grundbuchsgericht der bisherigen Haupteinlage besteht, wird diese als nunmehrige Haupteinlage behandelt; ist dies nicht der Fall, so kann der Hypothekargläubiger sich für eine der anderweitigen Nebeneinlagen entscheiden; erklärt er sich nicht, so bestimmt das Gericht die neue Haupteinlage (§ 113 a. G.G.).

Das österreichische Recht kennt auch die Hypothek ad fructus, deren Gegenstand der Grundbuchskörper selbst ist, obwohl die Realisierung des Pfandrechtes nicht durch Veräußerung der Realität sondern durch Beschlagnahme der Nutzungen erfolgt. An gewissen Gütern (z. B. Fideikommißgütern) ist ein anderes Pfandrecht überhaupt nicht möglich. Die Realisierung erfolgt nach der Exekutionsordnung (§ 97) im Wege der Zwangsverwaltung.

Die Hypothek kann durch Afterhypotheken (s. oben), durch Nießbrauch, Verfügungsbeschränkungen belastet werden. Die Afterhypothek nach österreichischem Recht bewirkt regelmäßig auch die Verpfändung der Hypothekarforderung; der Parteiwille kann diese Konsequenz jedoch auch ausschließen. Afterhypotheken sind vom Bestande der durch sie belasteten Hypothek insofern unabhängig, als sie durch Löschung der letzteren nicht ohne weiteres auch selbst wegfallen; vielmehr darf die Löschung der Ersthypothek nur mit dem Beisatz bewilligt werden, „daß ihre Rechtswirkung in Ansehung der Afterpfandrechte erst mit deren Löschung einzutreten hat" (§ 51 Abs. 1 a. G.G.). Das gleichzeitige Erlöschen von Hypothek und Afterhypothek wäre jedoch auf Grund besonderer Bedingung oder Befristung immerhin möglich. Wegen seiner Befriedigung muß sich der Afterhypothekar an den ersten Hypothekar halten; dabei kommen insbesondere auch die Bestimmungen der §§ 308 und 316 der Exekutionsordnung (Überweisung der Hypothekarforderung zur Einziehung bezw. an Zahlungsstatt) in Betracht. Die Cession einer afterverpfändeten Hypothek ist an die Genehmigung der Afterhypothekare nicht gebunden. Der Afterhypothekar kann eine weitere Afterhypothek bestellen.

Die Rangordnung mehrerer Hypotheken richtet sich nach der Priorität ihrer Eintragung (§ 29 a. G.G.). Die sogenannte Lokustheorie (System der festen Stellen) kennt das österreichische Recht nicht. Vielmehr findet Vorrückung der postlocierten Hypothekargläubiger in die leer gewordenen Stellen befriedigter Pfandgläubiger statt, jedoch nur sofern nicht der Eigentümer des Hypothekarobjektes durch Weiterbegebung über die Post (Hypothekenerneuerung) bereits verfügt hat. Dieses Verfügungsrecht hat er solange, als die Post nicht gelöscht ist (§ 469 a. b. G.B.). Dagegen kommen dem Eigentümer pfandrechtliche Befugnisse gegenüber der eigenen Sache nicht zu, er kann daher die Hypothek weder auf sich umschreiben lassen, noch bei der Meistbotsverteilung Anspruch auf Zuweisung der entsprechenden Summe verlangen. Nach Art. XXVIII des Einführungsgesetzes zur Exekutionsordnung haben die nachfolgenden Hypothekargläubiger sogar das Recht, an Stelle des Eigentümers die Löschung der gezahlten oder „aus anderen Gründen" erloschenen Hypothek zu bewirken. Viel ausgeprägter bekommt den Charakter der Eigentümerhypothek die Hypothek dadurch, daß Eigentum am Hypothekarobjekt und Hypothekargläubigerschaft in einer Person zusammenfallen, jedoch ohne Satisfaktionseffekt hinsichtlich der Pfandschuld (der den Hypothekargläubiger beerbende Eigentümer ist nicht Personalschuldner). In diesem Fall steht dem Eigentümerhypothekar nicht nur die Weitergebung der Hypothek gemäß § 1446 a. b. G.B. zu, sondern auch behufs Vermeidung ungerechtfertigten Schadens, der Anspruch auf rangmäßige Befriedigung aus dem Feilbietungserlös und konsequent auch das Recht, Umschreibung der Post auf seinen Namen zu bewirken. Der Rang von Hypotheken ist der Parteidisposition unterstellt; Änderungen daran können im Wege der Prioritätsabtretung (Prioritätsnachstehungserklärung, Satzweichung) erfolgen. Hiedurch tritt Prioritätscessionar an die Stelle des Cedenten, sodaß die Wirkung der Prioritätsabtretung eine dingliche ist und sich unabhängig erweist vom Fortbestand der Hypothek des Cedenten. Die Stellung etwaiger Zwischenhypothekare wird nicht alteriert (§ 30 a. G.G. und § 218 Abs. 2 der Exekutionsordnung). Der Zustimmung des Eigentümers zur Prioritätsabtretung bedarf es nicht.

Die Löschung der Hypothek erfolgt auf Antrag des Eigentümers des Hypothekarobjektes, nicht aber auf einseitigen Antrag des Gläubigers. Zur Erlöschung der Hypothek ist Extabulierung erforderlich (§ 469 a. b. G.B.) und zwar auch für den Fall, als die Hypothekarklage verjährt sein sollte (§ 1499 a. b. G.B.). Die Bestimmung des § 469 a. b. G.B. ist über die Grenzen des Schutzes redlichen Tabularerwerbs nicht auszudehnen.

Alte Hypothekarforderungen, bezüglich welcher seit fünfzig Jahren keine weitere Eintragung und überhaupt keinerlei Rechtsausübung stattfand, unterliegen der Amortisierung (§§ 118 bis 121 a. G.G.).

Das Institut der Grundschuld, d. h. die Belastung unbeweglicher Sachen durch Eintragung einer abstrakten Summenschuld ohne Angabe des Schuldgrundes, ist dem österr. R. fremd.

Das Bestandrecht wird durch seine Verbücherung ein dingliches, gegen jeden nachfolgenden Besitzer wirksames Recht (§ 1095 a. b. G.B.). Einer gerichtlichen Veräußerung der Bestandsache im Exekutionswege hält es jedoch nicht Stand; auch der intabulierte Bestandnehmer muß hier dem Käufer weichen (§ 1121 a. b. G.B.), ohne daß jedoch ipso-jure-Lösung des Bestandvertrages stattfände. Jedoch bleibt ein Ersatzanspruch in der Rangordnung des verdrängten Bestandrechtes zurück (vgl. die §§ 150, 216 und 227 der Exekutionsordnung). Die Verbücherung einer Höchstbetragsziffer für diesen Ersatzanspruch ist zur Erhaltung desselben nicht erforderlich (§ 19 a. G.G.).

Wiederkaufs- und Vorkaufsrecht (§§ 1070, 1073 a. b. G.B., § 9 a. G.G.) verlieren durch die Intabulierung ihren obligatorischen Charakter insofern, als sie auch gegen Dritte ausgeübt werden können. Mittlerweilige bücherliche Verfügungen (z. B. Hypothekenbestellungen) werden jedoch nicht hinfällig (vgl. auch § 1069 a. b. G.B.); hierin liegt der Unterschied der Eigentumsvormerkung gegenüber.

Bücherliche Rechte können, wenn die Erfordernisse zu ihrer Einverleibung noch nicht vorhanden sind, so doch und zwar auch auf Grund von Urkunden vorgemerkt (pränotiert) werden. Gegenstand der Vormerkung wie der Einverleibung ist Erwerbung, Übertragung, Beschränkung und Aufhebung von bücherlichen Rechten. Die Vormerkung ist eine Eintragung präparatorischen Charakters; sie weist auf eine spätere definitive Eintragung hin. Sie bezweckt, einen offenbar bestehenden Anspruch nicht dadurch verkümmern zu lassen, daß er noch nicht reif zur Einverleibung ist. Der Schutz, den sie diesem Anspruch verleiht, besteht darin, daß sie ihn sofort, wenn auch mit bedingter Wirksamkeit, in das Buch bringt, wodurch das Zuvorkommen dritter Personen abgeschnitten ist (§§ 438, 439, 453 a. b. G.B.). Wie beschaffen der Mangel an den Einverleibungserfordernissen sein muß, damit wenigstens Vormerkung stattfinden könne, bestimmen die §§ 35 bis 38 a. G.G. Entweder mangeln Erfordernisse, welche die Urkunde gemäß §§ 31 bis 34 a. G.G. haben muß, um intabulationsfähig zu sein, insbesondere die Beglaubigung der Unterschriften auf Privaturkunden oder die ausdrückliche Erklärung, die Einverleibung zu bewilligen (§ 32 lit. b a. G.G.). Damit jedoch Vormerkung erfolgen könne, muß die Urkunde mindestens die allgemeinen Erfordernisse der §§ 26 und 27 a. G.G. besitzen (§ 35 a. G.G.); sie muß demnach insbesondere einen gültigen Rechtsgrund enthalten (§ 26 Abf. 2 a. G.G.). Für die Vormerkung eines hypothekarischen Rechtes ist auch die Bescheinigung des Rechtsgrundes zum Pfandrecht erforderlich; denn aus dem Bestand der Forderung ergiebt sich gewöhnlich noch nicht der Bestand des Pfandrechtes (§ 36 a. G.G.). Bei Rechten, welche konkretenfalls auch als außerbücherliche bestehen könnten, muß auch die Bewilligung zur Eintragung hinlänglich bescheinigt sein; dies gilt, wenn ein Wiederkaufs=, Vorkaufs= oder Bestandrecht vorgemerkt werden soll (§ 37 a. G.G.). Außer den bisher erwähnten Vormerkungsfällen, wo ein bereits liquider Anspruch aus formellen Gründen noch nicht einverleibt werden kann, giebt es solche, wo umgekehrt der vorläufige Mangel an Liquidität des Anspruches sofortige Einverleibung hindert (§ 38 a. G.G.). So kann auf Grund noch nicht rechtskräftiger Urteile, durch welche dingliche Rechte zu= oder aberkannt werden, nur Vormerkung bewilligt werden. Ebenso ist die Vormerkung eine Form, der sich die Exekution zur Sicherstellung in Bezug auf unbewegliche Sache bedienen kann (§ 374 der Exekutionsordnung). Endlich erfolgt Vormerkung des Pfandrechtes auf Requisition öffentlicher Behörden behufs Sicherstellung gewisser Ansprüche. Einen speciellen Vormerkungsfall enthält § 39 a. G.G., wonach beim gerichtlichen Erlag einer Schuld (§ 1425 a. b. G.B.) auf Grund der Bestätigung über den Erlag die Vormerkung der Löschung der bezüglichen Hypothek stattfindet; ebenso die Vormerkung der Übertragung auf den Zahler, wenn ein Dritter nach § 1422 a. b. G.B. anstatt des Schuldners mit dessen Einverständnis gezahlt hat.

Jene Suspensivbedingung, durch deren Eintritt die Vormerkung ex tunc die Wirkung der Einverleibung erhält, besteht in der Rechtfertigung (Justifizierung) der Vormerkung. Diese Rechtfertigung erfolgt entweder durch Nachtragen dessen, was früher zur Einverleibung fehlte, also in den Fällen des § 35 a. G.G. in der Produzierung einer intabulationsfähigen Erklärung des Pränotaten (Rechtfertigungserklärung: § 41 lit. a a. G.G.), in den Fällen des § 38 a. G.G. durch Ausweis nunmehriger Liquidität der bezüglichen Ansprüche (§ 41 lit. b a. G.G.). Unter allen Umständen kann jedoch die Rechtfertigung auch im Prozeßwege erfolgen (§ 40 lit. c a. G.G.). In diesem Falle muß die Klage binnen der (verlängerbaren) Frist von vierzehn Tagen seit dem Tage der Zustellung des Vormerkungsbescheides vom Pränotaten bei dem zuständigen Gericht (§ 81 Jurisdiktionsnorm) erhoben werden (§§ 42, 43 a. G.G.). Unterbleibt die Rechtfertigung der Vormerkung, so erfolgt Löschung der letzteren nur auf Ansuchen des Pränotaten (§ 45 Abf. 1 a. G.G.). Wurde die Realität nach der Vormerkung weiter veräußert, so ist zu diesem Ansuchen der neue Eigentümer berechtigt. Die im Prozeßweg erfolgte Rechtfertigung ist auf Antrag des Pränotaten im Grundbuch einzutragen; erst hiermit verwandelt sich die eingetragene Vormerkung in eine Einverleibung. Zugleich sind die seit der Vormerkung gegen den Pränotaten erfolgten Eintragungen von amtswegen zu löschen, während die gegen den Pränotaten erwirkten nun unbedingte Gültigkeit erlangen. Umgekehrt, wenn die Rechtfertigung nicht erfolgt (§§ 49, 50 a. G.G.). Es steht im allgemeinen nichts im Wege, daß eine mangels Rechtfertigung gelöschte Vormerkung nochmals ins Buch gebracht werde; es müßte denn sein, daß dem Pränotaten das vorgemerkte Recht bereits definitiv aberkannt bezw. die Vormerkung rechtskräftig für nicht gerechtfertigt erklärt wurde, oder daß Pränotat unbedingt auf die Vormerkung verzichtet hätte (§ 47 a. G.G.). Wurde dagegen die

Vormerkung nur mangels rechtzeitiger Erhebung der Justifizierungsklage gelöscht, so kann Pränotat weiteren Vormerkungen dadurch vorbeugen, daß er negative Feststellungsklage auf Feststellung des Nichtbestehens des vorgemerkt gewesenen Rechtes erhebt und das ihm günstige Erkenntnis im Grundbuch anmerken läßt (§ 48 a. G.G., Art. XXXIX des Einführungsgesetzes zur C.P.O., § 228 C.P.O.).

Ein eigentümlicher Fall der Vormerkung ist durch § 822 a. b. G.B. gegeben. Gläubiger des Erben können zu ihrer Sicherstellung auch auf das dem Erben angefallene Erbgut eventuell auch mittelst Erwirkung von Vormerkungen greifen. Hier liegt es am Rechte des Pränotaten, daß vorläufig nur ein rechtliches Provisorium geschaffen werden kann. Die Rechtfertigung einer solchen Vormerkung erfolgt durch den definitiven bücherlichen Erwerb der betreffenden Immobilie seitens des Pränotaten auf Grund der erfolgten Einantwortung des Nachlasses.

Alle bücherliche Eintragungen, welche nicht die Erwerbung, Übertragung, Beschränkung oder Erlöschung von Rechten zum Gegenstand haben, also nicht Einverleibungen oder Vormerkungen bezw. Löschungen solcher sind, erfolgen in der Form der Anmerkung. Man kann die nach österr. R. zulässigen Anmerkungen allerdings nicht ganz erschöpfend einteilen in solche, welche die Ersichtlichmachung persönlicher Verhältnisse zum Gegenstand haben und in solche, welche den Zweck haben, gewisse prozeßrechtliche oder auch materiellrechtliche Wirkungen hervorzubringen. Die Anmerkungen ersterer Art (z. B. Anmerkung, daß der Eigentümer unter Kuratel steht, oder sich im Konkurse befindet) bewirken, daß Niemand, der in der betreffenden Einlage Eintragungen erwirkt, sich auf die Unkenntnis dieser Verhältnisse berufen kann (§ 20 lit. a a. G.G.). Anmerkungen der zweiten Art sind z. B. die der Zuschlagserteilung nach § 183 der Exekutionsordnung (vgl. auch § 72 a. G.G.), oder die Anmerkung der Prioritätsabtretung (sofern letztere sich nicht richtiger in der Form der Einverleibung vollzieht). Besondere Bedeutung kommt den sogenannten Streitanmerkungen zu. Sie haben im allgemeinen den Zweck, zu verhindern, daß eine streitige Einverleibung zufolge des Vertrauensprincipes Grundlage weiterer bücherlicher Rechte werde, sichern daher den Sieg im Streite. Das österr. R. gewährt indes die Streitanmerkung nicht in allen Fällen, wo die Gültigkeit einer Einverleibung im Prozeßwege angegriffen wird, sondern nur in bestimmten vom Gesetz vorgeschriebenen Fällen, sodann, wenn jemand eine ursprünglich schon ungültige Einverleibung im Prozeßwege bestreitet (§ 61 a. G.G.), insbesondere wenn er geltend macht, daß die Einverleibung auf einer strafgesetzlich verbotenen Handlung beruht (§ 66 a. G.G.). Aber auch zu Gunsten dessen, der aus dem Titel der Verjährung auf Löschung klagt (§ 69 a. G.G., § 1479 a. b. G.B.), sowie dessen, der aus dem Titel der Ersitzung auf Zuerkennung eines dinglichen Rechtes klagt (§ 70 a. G.G., § 1498 a. b. G.B.), ist die Streitanmerkung zulässig. Sie bewirkt, daß ein zu Gunsten des Streitanmerkungswerbers im Streite erfließendes Urteil Wirksamkeit hat auch gegen dritte Personen, die nach der Streitanmerkung bücherliche Rechte erwarben (§§ 61 Abf. 2, 70 a. G.G.).

Besonderen Charakters ist auch die Anmerkung der Rangordnung (§§ 53 bis 58 a. G.G.). Vermittelst derselben kann sich der Eigentümer für eine künftige Veräußerung oder Verhypothezierung, der Hypothekargläubiger für eine beabsichtigte Abtretung oder Löschung der Hypothek, den Rang auf allerdings nur kurze Zeit (sechzig Tage) konservieren. Berechtigt hiezu ist nur der Eigentümer bezw. Hypothekargläubiger, nicht auch der ersterem gegenüberstehende Käufer oder Darlehnsgeber und letzterem gegenüberstehende Cessionar. Voraussetzung der Bewilligung der Anmerkung ist, daß die Einverleibung, für welche der Rang konserviert wird, nach dem Grundbuchstande derzeit zulässig wäre. Zudem muß die Unterschrift des Gesuches beglaubigt sein (§ 53, Abf. 3 a. G.G.). Die Wirkung der Anmerkung ist eine doppelte. Erstens rückt die spätere rechtzeitige Einverleibung in das ihr vorbehaltene Rangverhältnis ein; zweitens kann die ganze Kreditoperation auch dann noch durchgeführt werden, wenn inzwischen ein Dritter Eigentümer oder Hypothekar wurde (§ 56 Abf. 2 a. G.G.).

III. Grundzüge des Verfahrens in Grundbuchssachen. Eintragungen im Grundbuch können nur auf Grund gerichtlicher Bewilligung und Anordnung erfolgen.

Zuständig zur Bewilligung ist im allgemeinen das Grundbuchsgericht, b. h. jenes Gericht, bei welchem sich die Einlage, in der die Eintragung erfolgen soll, befindet (§ 75 a. G.G., Art. XVII. des Einführungsges. zur Jurisdiktionsnorm). Welche Gerichte zur Führung der Grundbücher berufen sind, bestimmt § 118 der neuen Jurisdiktionsnorm. Ausnahmsweise ist nicht das Grundbuchsgericht, sondern ein anderes Gericht zur Bewilligung der Eintragung kompetent, so das Erkenntnisgericht, wenn es sich um Exekution eines Civilurteils handelt (§ 4 der Exekutionsordnung), das Abhandlungsgericht bei Eintragungen auf Grund der Einantwortungsurkunde (§ 177 des kaiserl. Patentes vom 9. Aug. 1854). Eintragungen werden regelmäßig nur auf Ansuchen von Parteien (Behörden) verfügt; nur ausnahmsweise verordnet das Grundbuchsgericht von amtswegen einen Bucheintrag (z. B. die Anmerkung der Zuschlagserteilung: § 72 a. G.G.). Trotzdem hat das Verfahren in Grundbuchssachen den Charakter des außerstreitigen Verfahrens. Es ist von zwei sich berührenden Principien beherrscht: vom Konsens- und vom Legalitätsprincip. Kraft des ersteren können Eintragungen grundsätzlich nur mit Bewilligung jener Personen erfolgen, welche dadurch ein Recht verlieren oder wenigstens belastet werden. Die Eintragungsbewilligung wird ersetzt durch rechtskräftiges Urteil und das Ersuchen einer zuständigen Behörde. Konsequenzen des Konsensprincipes sind, daß nicht mehr und nichts anderes bewilligt werden darf, als die Partei angesucht hat (§ 96 a. G.G.). Dagegen enthält das Begehren um das Majus zugleich das Begehren um das Minus, so daß letzteres zu bewilligen ist, wenn nur dessen und nicht des Majus Voraussetzungen vorliegen. So begreift das Begehren um Einverleibung stillschweigend das Begehren um Vormerkung in sich (§ 85, Abs. 2 a. G.G.); ebenso kann eine Hypothek für eine geringere als die begehrte Summe intabuliert werden. Andererseits bindet der formelle Konsens den Richter, soweit ihm nicht auf Grund des Legalitätsprincipes eine offiziöse Prüfungspflicht obliegt. Der Richter hat daher z. B. eine Hypothek zu intabulieren, auch wenn er amtlich weiß, daß der bücherliche Eigentümer materiell nicht mehr Eigentümer ist. Der Konsens beider Teile ist nur zur Einverleibung nötig; er liegt seitens des Rechtserwerbers in dem Eintragungsansuchen. Das Legalitätsprincip findet im österr. Grundbuchsrecht nur beschränkte Anwendung. Der Grundbuchsrichter hat keineswegs die ganzen materiellen Voraussetzungen der begehrten Eintragung von amtswegen zu prüfen, bezw. zu untersuchen; vielmehr beschränkt das Gesetz seine offiziöse Kognition auf ganz bestimmte einzelne Punkte (§ 94 a. G.G.). Diese sind zum Teil formeller Natur, so die Zulässigkeit der Eintragung mit Rücksicht auf den Buchstand (Identität der Liegenschaft, des Rechtes, bücherlicher Vormann: § 21 a. G.G.), weiters das Vorhandensein der gesetzlichen Form der vorgelegten Tabularurkunden. In materieller Hinsicht ist zu prüfen „die persönliche Fähigkeit der bei der Eintragung Beteiligten zur Verfügung über den Gegenstand, welchen die Eintragung betrifft" (§ 94 Z. 2, a. G.G.), weiters die Legitimation des Einschreiters zum Eintragungsbegehren (vgl. § 77 a. G.G.). Was die materiellen Grundlagen des Begehrens selbst anbelangt, so hat der Richter zu erwägen, ob das Begehren durch den Inhalt der vorgelegten Urkunden begründet erscheint (§ 94, Z. 3 a. G.G.). Nicht zu prüfen hat er demnach die Richtigkeit des Inhalts einer formell einwandfreien Urkunde. Bedenken gegen das Eintragungsbegehren, welche sich aus dem Inhalt der Urkunde ergeben, sind zu berücksichtigen, soweit sie den Bestand des Eintragungsanspruches direkt berühren, sei es, daß sie letzteren als von vornherein ungültig (z. B. auf Grund der Bestimmung des § 879 a. b. G.B.) oder als später wieder erloschen (z. B. zufolge der aus der Urkunde ersichtlichen, der Eintragungsbewilligung nachgefolgten Zahlung der Hypothek) erscheinen lassen.

Die Abweisung eines Einverleibungs- oder Vormerkungsbegehrens ist im Grundbuch von amtswegen anzumerken, es müßte denn sein, daß das Gut oder Recht, auf welches die Eintragung begehrt wird, im Grundbuch nicht vorkäme, bezw. für eine andere Person eingetragen wäre, oder das Gut, bezw. Recht aus dem Gesuche nicht ersichtlich wäre (§ 99 a. G.G.). Da die in zweiter Instanz erfolgte Bewilligung einer vom Unterrichter abgewiesenen Einverleibung oder Vormerkung auf den Zeitpunkt der Überreichung des ersten Gesuches zurückbezogen wird (§ 132 a. G.G.), so hat die Anmerkung des abweislichen

Bescheides den Zweck, Dritte auf die Möglichkeit einer Bewilligung in zweiter Instanz aufmerksam zu machen und dadurch einen Erwerb im Vertrauen auf das öffentliche Buch auszuschließen, der allerdings denkbar wäre, wenn das Gewicht erster Instanz es übersehen hätte, die Anmerkung des abweislichen Bescheides zu veranlassen. Demgemäß ist letztere Anmerkung auch von amtswegen zu löschen, wenn der Rekurs innerhalb offener Frist nicht erhoben, bezw. die erstrichterliche Abweisung vom Richter zweiter Instanz bestätigt wurde (§§ 101, 131 a. G.G.).

Im bewilligenden Bescheide erfolgt, sofern das bewilligende Gericht auch Grundbuchsgericht ist, zugleich der Auftrag an das Grundbuchsamt zum Vollzuge der bewilligten Eintragung; andernfalls muß das Grundbuchsgericht um den Vollzug ersucht werden. Die Eintragung hat genau dem Inhalt des Auftrages zu entsprechen. Zu eigenmächtigen Änderungen ist der Grundbuchsführer, auch wenn die Eintragung nach dem Grundbuchstande unausführbar wäre und offenbar nur auf einem Versehen des Richters beruhen würde, nicht berechtigt (§ 102 a. G.G.). Die Eintragung hat das sogenannte Präsentatum des ihr zu Grunde liegenden Grundbuchsgesuches, dann die Angabe zu enthalten, ob sie Einverleibung, Vor= oder Anmerkung ist. Bei amtswegigen Eintragungen ist Datum und Zahl der richterlichen Verfügung anzuführen. Sofern die Gleichzeitigkeit von Eintragungen rechtliche Bedeutung hat, ist sie ersichtlich zu machen (§ 103 a. G.G.). Einmal Eingetragenes darf nicht mehr ausgelöscht werden. Ein vor vollendeter Eintragung bemerkter Fehler ist vom Grundbuchführer selbst zu berichtigen; andernfalls ist ein Auftrag des Grundbuchsgerichtes, dem allenfalls die Vernehmung der Interessenten vorauszugehen hat, erforderlich (§ 104 a. G.G.). Radierung im Grundbuch, sowie überhaupt das Unleserlichmachen von Eintragungen ist unter allen Umständen unzulässig (§ 104 Abs. 1 a. G.G.). Der Vollzug der Eintragung ist seinem wesentlichen Inhalt nach auf der ihr zu Grunde liegenden Tabularurkunde ersichtlich zu machen (§ 105 a. G.G.).

Grundbuchsbescheide können nur von der höheren Instanz auf Grund erhobenen Rekurses abgeändert werden; das Rechtsmittel der Vorstellung ist grundsätzlich ausgeschlossen. Für den Rekurs besteht unbedingtes Neuerungsverbot, das sich sowohl auf neue Urkunden als auch auf neue Angaben bezieht; er ist in erster Instanz binnen der Frist von 30 bezw. 60 Tagen (§ 127 a. G.G.) anzubringen. Außerdem kann wegen Verzögerungen unmittelbar beim höheren Gerichte Aufsichtsbeschwerde erhoben werden (§ 126 a. G.G.). Falls der Rekurs gegen die Bewilligung einer Einverleibung oder Vormerkung gerichtet ist, so wird die Rekurserhebung im Grundbuch von amtswegen angemerkt. Zweck dieser Anmerkung ist, dritte Personen darauf aufmerksam zu machen, daß der bezügliche Eintrag noch nicht rechtskräftig ist, somit den Erwerb weiterer bücherlicher Rechte auf Grund des Vertrauensprincipes zu verhindern. Wird der Rekurs vom Oberrichter abgewiesen, so ist die Anmerkung des Rekurses von amtswegen zu löschen, da nunmehr die durch Rekurs angefochtene Eintragung rechtskräftig geworden ist (§ 129 a. G.G.). Das Grundbuchgesetz (§ 130) versagt nämlich gegen gleichförmige Verfügungen der Unterinstanzen einen weiteren Rechtszug. Wird jedoch dem Rekurse gegen die Bewilligung einer Einverleibung oder Vormerkung von der zweiten Instanz stattgegeben, so ist das eingetragene Recht nicht zu löschen, vielmehr die obergerichtliche Verfügung lediglich im Buch anzuerkennen und die mit Rücksicht darauf gegenstandslos gewordene Anmerkung des erhobenen Rekurses zu löschen. Bestätigt nun die dritte Instanz die bewilligende Verfügung der ersten, so ist die Anmerkung der zweitinstanzlichen Verfügung zu löschen und die ursprünglich von der ersten Instanz verfügte Eintragung wird nun rechtskräftig. Bestätigt die dritte Instanz jedoch die abweisliche Verfügung der zweiten oder wird gegen letztere überhaupt kein Rechtsmittel ergriffen, so ist das von der ersten Instanz einverleibte oder vorgemerkte Recht mit der Wirkung ex tunc zu löschen (§ 133 a. G.G.). Wird eine vom ersten Richter verordnete Löschung der Einverleibung oder Löschung eines Rechtes vom Richter zweiter Instanz behoben, so ist die gelöschte Einverleibung oder Vormerkung wiederherzustellen (§ 133, Abs. 1 a. G.G.). Wird eine in erster Instanz abgewiesene Einverleibung oder Vormerkung von der zweiten Instanz bewilligt, so erfolgt nunmehr die

Eintragung und zwar mit Wirkung ex tunc (§ 132 a. G.G.). Zugleich ist die Anmerkung des abweislichen Bescheides von amtswegen zu löschen.

Durch besondere Gesetze ist geregelt

1. das Verfahren bei grundbücherlicher Teilung einer Liegenschaft (Gesetz vom 6. Februar 1869 Nr. 18 R.G.B.). Dieses Gesetz bezweckt, den Interessenkonflikt zu lösen zwischen dem Eigentümer, der aus wirtschaftlichen Gründen einen Teil seiner Liegenschaft abtrennen will, und dem hiedurch in seiner Sicherheit gefährdeten Hypothekargläubiger. Seine Grundzüge sind folgende: Die Abtrennung eines Teiles einer belasteten Realität kann ohne Einwilligung der Hypothekargläubiger (und aller jener Personen, für welche sonstige dingliche Rechte auf dem Gute eingetragen sind) nur dann erfolgen, wenn a) für das Trennstück eine neue Einlage eröffnet wird und b) daselbst alle Lasten, die Pfandrechte als Simultanhypotheken, eingetragen werden (§ 1). Andernfalls muß die Einwilligung aller Interessenten nachgewiesen oder aber das in § 3 vorgeschriebene Aufforderungsverfahren durchgeführt werden (§ 2). Letzteres besteht in der an alle Interessenten ergehenden Aufforderung, binnen bestimmter Frist gegen die beabsichtigte Trennung formellen Einspruch zu erheben, widrigens Einwilligung und Aufgabe des Rechtes in Ansehung des Trennstückes angenommen werden würde (§ 3 Abs. 1). Das Trennungsbegehren wird beim Stammgrundstücke bücherlich angemerkt mit der Wirkung, daß spätere Eintragungen dinglicher Rechte die Trennung nicht verhindern können (§ 3 Abs. 3). Rechtzeitig erhobener Einspruch, der im übrigen einer Begründung nicht bedarf, hemmt vorläufig die Trennung (§ 5), kann jedoch α) durch Zahlung der bezüglichen Schuld, sofern es sich um eine Hypothek handelt, β) durch gerichtliche Unwirksamerklärung unter besonderen Verhältnissen beseitigt werden (§ 7). Zahlungsannahme kann seitens des Gläubigers im Falle a aus dem Grunde, weil die Forderung noch nicht fällig, nicht verweigert werden. Es bleibt ihm jedoch ein obligatorischer Anspruch auf Schadenersatz wegen vorzeitiger Erfüllung (§ 8). Durch Erkenntnis des Grundbuchsgerichtes unwirksam kann der Einspruch nur dann erklärt werden, wenn es sich um den Tausch landwirtschaftlicher Güter handelt, und wenn außerdem der Tausch einerseits geeignet ist, die Arrondierung oder bessere Bewirtschaftung der beiden Güter zu bewirken, andererseits die Sicherheit der Forderung, wenn auch vermindert, so doch nicht gefährdet ist (§ 9). Das Erkenntnis erfließt auf Grund offiziöser Erhebung; den Parteien wird Gelegenheit zur Äußerung gegeben (§§ 11, 12). Mit der vollzogenen bücherlichen Abschreibung des Trennstückes vom Stammgute erlöschen hinsichtlich des letzteren alle Eintragungen, welche am Stammgute bestanden. Mit der bücherlichen Zuschreibung des Trennstückes zu der neuen Einlage erlangen die bei letzterer bestehenden Eintragungen Wirksamkeit auch für das Trennstück (§ 15). Ein etwas abweichendes Verfahren ist mit Gesetz vom 11. Mai 1894 Nr. 126 R.G.B. für die Abtrennung von Grundstücken zum Zwecke öffentlicher Wege- und Wasseranlagen eingeführt worden.

2. Das Verfahren behufs Richtigstellung von Grundbüchern (Gesetz vom 25. Juli 1871 Nr. 96 R.G.B.). Dieses Verfahren, dessen Einleitung dem Oberlandesgericht zusteht, findet statt:

a) bei Anlegung neuer Grundbücher. Es wird hier eröffnet durch ein Edikt (erstes Edikt), welches den Tag kundmacht, mit welchem der auf Grund des Steuerkatasters und durchgeführter Lokalerhebungen fertiggestellte Grundbuchsentwurf als neues Grundbuch zu behandeln ist. In demselben wird zugleich mitgeteilt, daß von diesem Tage an bücherliche Rechte auf Einlagen des neuen Grundbuchs nur durch Eintragung in das letztere erworben, beschränkt, übertragen und aufgehoben werden können (§ 5). Zudem hat das Edikt unter Fristbestimmung aufzufordern zur Anmeldung α) von Ansprüchen auf Änderung der im neuen Grundbuch enthaltenen, die Eigentumsverhältnisse betreffenden Eintragungen, sofern diese Ansprüche sich auf Rechte stützen, die vor Eröffnung des neuen Grundbuchs erworben wurden, β) von Ansprüchen, welche sich auf vor der Eröffnung des neuen Grundbuchs erworbene Pfand-, Servituten- und sonstige verbücherungsfähige Rechte an Liegenschaften oder Liegenschaftsteilen beziehen, sofern diese Rechte nicht schon bei der Grundbuchsanlegung Berücksichtigung fanden (§§ 5, 6, 7). Über Ansprüche der unter α genannten Art ist, nachdem dieselben im Grundbuch angemerkt wurden, mit sämtlichen Interessenten eine

Verhandlung einzuleiten; es müßte denn sein, daß ein Prozeß über den Gegenstand der Anmeldung bereits obschwebt. Die Verhandlung hat den Zweck, womöglich eine Einigung der Beteiligten zu erwirken. Erfolgt eine solche, so ist die bezügliche Änderung im Grundbuch vorzunehmen; der Eintragung kommt bücherliche Rechtskraft zu. Wird keine Einigung erzielt, so sind die Anmeldenden auf den Rechtsweg zu verweisen und ihnen zur Betretung desselben eine angemessene Frist zu bestimmen. Wird diese versäumt oder die erhobene Klage endgültig abgewiesen, so wird die bei Eröffnung des Grundbuchs bestehende Eintragung rechtskräftig; zugleich ist die Anmerkung der Anmeldung zu löschen. Nichtanmeldung eines Anspruches innerhalb der Ediktalfrist bewirkt selbstverständlich ebenfalls Rechtskraft der ursprünglichen Eintragung. Eine durch rechtskräftiges Urteil bewilligte Änderung ist auf Antrag der obliegenden Partei im Grundbuch einzutragen (§§ 8, 9, 10, 11). In der Anmeldung der unter β bezeichneten „Belastungsrechte" ist zugleich die beanspruchte Rangordnung anzugeben; weiter ist der bezügliche Rechtsanspruch auszuführen und womöglich auch urkundlich zu belegen. Derartig angemeldete Rechte sind unter Angabe der beanspruchten Rangordnung bei dem betreffenden Grundbuchskörper unter der Aufschrift „alte Lasten" einzutragen. Um nun diese provisorischen Eintragungen zu definitiven, rechtswirksamen zu machen, wird abermals ein Edikt (zweites Edikt) erlassen. In demselben werden „alle diejenigen, welche sich durch den Bestand oder die bücherliche Rangordnung einer Eintragung in ihren Rechten verletzt erachten", aufgefordert, innerhalb der Ediktalfrist gegen die Eintragung Widerspruch zu erheben, widrigens letztere rechtswirksam werden würde. Dabei gestattet das Gesetz (§ 19) dem Afterpfandgläubiger ausdrücklich, die Rechte des Hauptgläubigers auszuüben. Erhobene Widersprüche sind im Grundbuch anzumerken, und im übrigen wie die Anmeldungen der unter α angeführten Ansprüche zu behandeln, mit dem Unterschiede jedoch, daß auch jene Partei, zu deren Gunsten bereits eine (provisorische) Eintragung besteht, auf den Rechtsweg verwiesen werden kann (§§ 12 bis 17).

b) bei **Ergänzung** eines Grundbuches durch Eintragung einer bisher noch in keinem Grundbuch eingetragenen Liegenschaft. Das Verfahren ist dasselbe wie bei der Anlegung neuer Grundbücher, nur daß die Ediktalfristen kürzere sein können. Auch kann das Oberlandesgericht dann, wenn die Liegenschaft früher öffentliches Gut war und offenbar unbelastet ist, beschließen, daß das Richtigstellungsverfahren ganz unterbleibe (§ 20);

c) bei **Wiederherstellung** eines Grundbuches, falls dieses oder ein Teil desselben in Verlust geraten oder unbrauchbar geworden ist. Auch hier ist das unter a beschriebene Richtigstellungsverfahren nach Maßgabe des wiederherzustellenden Inhaltes einzuleiten; die Ediktalfristen können wie im Falle b kürzere sein (§ 21).

d) Das Richtigstellungsverfahren findet auch statt, wenn durch die Landesgesetzgebung eine allgemeine oder teilweise Änderung der Grundbücher angeordnet wird, sei es daß diese Änderung α) die Besitz- und Eigentumsverhältnisse oder β) auch den Lastenstand beeinflußt (§ 22).

Über die Anlegung von **Eisenbahnbüchern** bestehen besondere Bestimmungen (Ges. vom 19. Mai 1874, Nr. 70 R.G.B.).

Wichtigste neuere Litteratur (zum Grundbuchsrecht):

Schiffner, Lehrbuch I. 5. Hauptstück, Krainz-Pfaff, I. (nicht zusammenhängend dargestellt); Burckhard, Besitz- und Grundbuchsrecht, §§ 159 ff.; Randa, Eigentum, §§ 17 ff., Besitz, § 5; Exner, Publizitätsprincip; Strohal, Zur Lehre vom Eigentum an Immobilien; Adler, Publizitätsprincip (1899). Speciell zum Hypothekenrecht: Exner, Hypothekenrecht; Derselbe, Pfandrechtspränotation; Strohal, Prioritätsabtretung; Derselbe, Eigentümerhypothek; Steinlechner, krit. V.J.Schr. XXVI., S. 406 ff.; Krasnopolski, Grünhut XI., S. 13 ff.; Horn, Rechte als Objekte des Pfandrechts (1897).

Printed by Libri Plureos GmbH
in Hamburg, Germany